NÄHEN KOMPAKT

Kleider und Röcke

Über 20 coole Styles
in den Größen S–XL

EMF

EIN BUCH DER
EDITION MICHAEL FISCHER

IMPRESSUM

Bibliografische Information der Deutschen Bibliothek.

Die Deutsche Bibliothek verzeichnet diese Publikation in der Deutschen Nationalbibliografie.

Detaillierte bibliografische Daten sind im Internet über http://www.dnb.de/ abrufbar.

EIN BUCH DER EDITION MICHAEL FISCHER

1. Auflage 2018

Bildnachweis: Corinna Teresa Brix (S. 83), Stefanie Brugger (S. 36–39, 42/43, 45–46, 50/51, 54–56), Laura Hertel (S. 8–12, 30–33, 66–81), Blanca Popp (S. 59, 61, 63/64), Kristin Ritschel (S. 86/87, 90/91, 94/95), Jennifer Schleich (S. 15/16, 19, 21, 23/24, 27/28), Katja Schubert, SHOT FOTOGRAFIE (S. 14, 17, 18, 20, 22, 25, 26, 29, 34, 40, 44, 47, 48, 52, 57), Silke Türck (S. 13), Patrick Wittmann (S. 58, 60, 62, 65, 84, 88, 92)

Texte: Stefanie Brugger (S. 34, 40, 44, 48, 52), Laura Hertel (S. 8–10, 30, 66, 70, 74, 78), Yvonne Jahnke (S. 82), Blanca Popp (S. 58, 60, 62), Kristin Ritschel (S. 12, 84, 88, 92), Jennifer Schleich (S. 6, 14, 18, 20, 22, 26)

Redaktion und Lektorat: Beate Schmitz

ISBN 978-3-86355-864-2

Printed in Slovakia

www.emf-verlag.de

MIX
Aus verantwortungsvollen Quellen
FSC® C023577
FSC
www.fsc.org

INHALT

Pullikleid, S. 30

Faltenrock für Kids, S. 84

Rock mit Reißverschluss, S. 44

Asymmetrischer Wickelrock, S. 48

VORWORT

♥ Gibt es etwas Schöneres als Nähen? Ja – Kleider und Röcke zu nähen! ♥

Ob ein geringeltes Pullikleid mit Rückenausschnitt, ein stylischer gestreifter Bleistiftrock oder ein modernes Kragenkleid – finde dein neues Lieblingsoutfit für verschiedenste Gelegenheiten.

Und auch für die kleine Tochter, Nichte oder Enkelin sind wunderbare Modelle enthalten, zum Beispiel ein schickes Partykleid oder ein bunt gemusterter Faltenrock.

Zaubere dir hinreißende Röcke und Kleider einfach selbst, mithilfe von ausführlichen Schritt-für-Schritt-Anleitungen und anschaulichen Bildern, die das Nacharbeiten ganz einfach machen.

Werde kreativ und ruck, zuck wird man die Augen nicht mehr von dir und deinen selbstgenähten Kleidungsstücken lassen können!

MASSTABELLEN UND SCHNITT ANPASSEN

MASSTABELLE

Bevor du mit dem Zuschneiden beginnst, schaust du anhand der Maßtabelle und deiner notierten Werte, welche Größe oder Größen infrage kommen. Wie du dann die Größen anpasst, wird dir auf folgenden Seiten erklärt. Bevor du dein Wunschteil zuschneidest, solltest du überprüfen, ob der Schnitt mit deinen Körpermaßen übereinstimmt. Wichtig sind bei Röcken vor allem die Taillen- und Hüftweite, bei Kleidern zusätzlich noch der Brustumfang. Kontrolliere diese Werte, um dann, falls nötig, Anpassungen vorzunehmen.

Wähle deine Größe und pause alle Schnittteile auf Schnittpapier ab. Hast du kein halbtransparentes Papier, kannst du die Schnittteile auch mit Kopierrädchen und Kopierpapier auf kräftiges Papier – oder auf Plastikplanen aus dem Baumarkt – übertragen. Liegst du zwischen zwei Größen, kopiere die Linien beider Größen.

Größe	S	M	L	XL
1 Oberweite	80 cm	88 cm	96 cm	100 cm
2 Taille	66 cm	72 cm	80 cm	85 cm
3 Hüfte	89 cm	97 cm	103 cm	106 cm
4 vordere Länge	43,3 cm	44,7 cm	46,3 cm	47,1 cm
5 Brusttiefe	25 cm	26,6 cm	28,4 cm	29,3 cm
6 Halsweite	35,2 cm	36,6 cm	38 cm	38,7 cm
7 Rückenlänge	40,4 cm	40,8 cm	41,2 cm	41,4 cm
8 Armlänge	59,4 cm	59,8 cm	60,2 cm	60,4 cm
9 Oberarmweite	26 cm	28,4 cm	30,8 cm	32 cm
10 Handgelenkweite	15,1 cm	15,7 cm	16,3 cm	16,6 cm
11 Beinaußenlänge	107 cm	107 cm	107,5 cm	107,5 cm

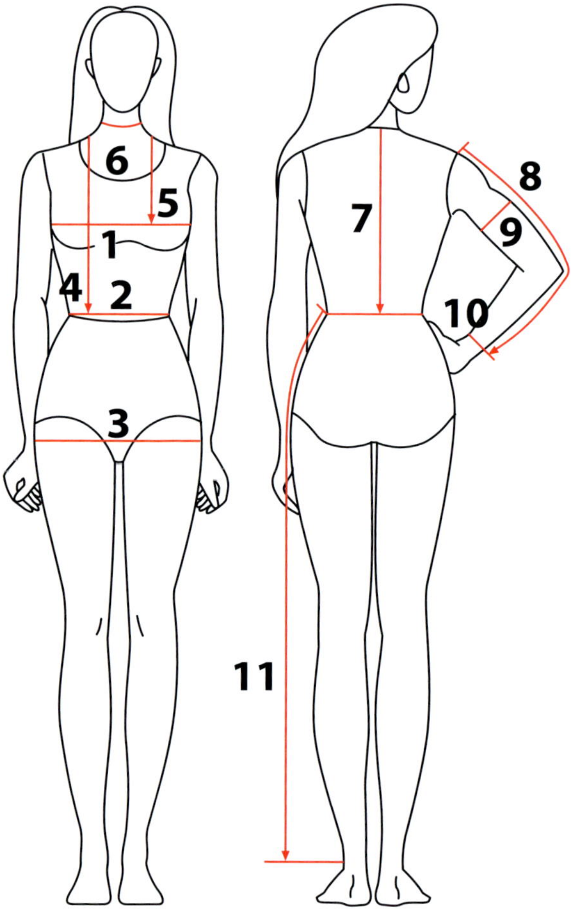

ROCKSCHNITT ANPASSEN

1. VERMESSEN

Du nimmst dein Maßband zuhilfe und misst folgende Körpermaße:
Die **Taille**: Die Taille ist ganz einfach zu finden, sie ist die schmalste Stelle zwischen Brust und Hüfte, eine knappe Handbreit über dem Bauchnabel. Lege dein Maßband einmal um die Taille und achte dabei darauf, dass es gerade liegt. Diesen Wert notierst du dir.
Jetzt misst du deine **Hüfte** aus. Diese Stelle richtig zuzuordnen fällt schon etwas schwerer, denn die Hüftlinie verläuft nicht da, wo du deine Jeans trägst (etwa an der Oberkante der Hüftknochen), sondern ein Stückchen weiter unten: Dort, wo der Po und die Hüfte ihre breiteste Stelle haben. Deine Hüftweite notierst du dir ebenfalls.

2. ANPASSEN DER WEITE

Miss alle Schnittteile entlang der Taille und Hüfte einmal nach. Falls dein Schnitt schon Nahtzugaben beinhaltet, vergiss dabei nicht, pro Naht 2 × die Nahtzugabenbreite abzuziehen. Beim Bleistiftrock von Seite 14 wären es rundum z. B. 14 cm Nahtzugabe bei 2 Seitennähten, 2 Teilungsnähten vorn, 2 Teilungsnähten hinten und der Naht für den Reißverschluss. Das macht 7 Nähte mit 1 cm Nahtzugabe an jeder Seite (es werden immer 2 Teile zusammengenäht), daher 2 × 7 cm = 14 cm Nahtzugabe. Hast du alle Schnittteile gemessen, addiere die ermittelten Werte für die Taille sowie für die Hüfte.

Vergleiche dann das errechnete Maß mit deinem Körpermaß, um festzustellen, ob diese Größe für dich passend ist. Je nachdem, wie luftig du es magst, ist eine Mehrweite von 4–7 cm in Ordnung. Stimmt das Maß nicht überein, gibt es zwei Möglichkeiten: Entweder du kombinierst zwei Größen miteinander oder du gibst Weite zu. Wie du Weite zugibst, ist beim Modell „Ausgestellter Rock" auf Seite 26 beschrieben, nur musst du zur Größenanpassung die Taillen- und Hüftweite statt des Rocksaums verbreitern. Im Folgenden zeige ich dir, wie du zwei Größen miteinander kombinieren kannst.

Laut Taillen- und Hüftmaßen kommen zwei unterschiedliche Größen heraus?

Beispielsweise: Taille Größe 36 und Hüfte Größe 38? Keine Panik, das bekommen wir schnell hin, dann passen wir den Schnitt nun an.

Du nimmst einen dicken Filzstift zu Hilfe und interpolierst die Schnitte. Das hört sich komplizierter an als es ist. Es heißt eigentlich nichts anderes, als dass du ein Mittelding aus den beiden Größen erstellst.

Schaue, dass du die Taille in der passenden Größe markierst. Nun folgst du den Linien des Schnitts. Grob auf der Hälfte der Strecke zwischen Taille und Hüftmarkierung wechselst du auf die Größe, die du an deiner Hüfte brauchst. Versuche, dabei eine möglichst glatte Linie ohne Dellen zu erzeugen. Du siehst, es ist eigentlich kinderleicht und der Rock wird dir nun wie maßgeschneidert passen.

3. ANPASSEN DER LÄNGE

Auch die Länge der Röcke kann angepasst werden. Denn, seien wir mal ehrlich, nicht jede von uns entspricht dem Standardmaß der Modebranche, die einfach davon ausgeht, dass alle Damen genau 1,68 m groß sind. Aber du kannst die Längen der Röcke auch ganz einfach an deine Wunschgröße anpassen. Zur optischen Orientierung: Das hübsche Model auf Seite 14 ist 1,73 m groß und die Schnitte in diesem Buch gehen von einer Körpergröße von 1,68 m aus. Anhand dessen kann man schon grob einschätzen, wie lang die Röcke an einem selbst aussehen würden.

Die einfachste Methode ist, den Rock einmal anzuprobieren, bevor der Saum umgebügelt und umgenäht wird. So kann man am einfachsten sehen, welche Rocklänge für die eigene Figur ideal ist. Lass dir dabei helfen und markiere die ideale Länge mit Stecknadeln oder Schneiderkreide. Nun bügelst du den Saum an genau der Stelle um und vernähst ihn anschließend. Wenn du kleiner als 1,68 m bist oder nur wenig größer, funktioniert diese Methode mit den vorliegenden Schnittmustern sehr gut.

Du bist größer als 1,70 m – oder willst den Rock für eine andere große Frau nähen – und hast Angst, dass alle Röcke sofort 4–5 cm zu kurz sind? Das ist natürlich auch kein Problem. Alle Röcke sind mit 4 cm Saumzugabe versehen, die hinterher natürlich nicht komplett im Saum verschwinden muss. Um auf Nummer sicher zu gehen, kannst du den Schnitt an der Saumlinie um 3 cm verlängern. Denn abnähen oder umschlagen geht immer, zu kurz Geratenes zu verlängern wird allerdings schwierig.

Bevor du den Rock endgültig säumst, machst du es ebenso wie bei den zu langen Röcken: Du ziehst den Rock an – oder lässt die Frau, für die er ist, ihn anprobieren – und markierst die ideale Saumlänge mit Nadeln oder Schneiderkreide. Du siehst also, zu klein oder zu groß, so etwas gibt es nicht!

OBERTEILSCHNITTE ANPASSEN & VARIIEREN

Wähle als erstes deine Größe und pause alle Schnittteile auf Schnittpapier ab. Liegst du zwischen zwei Größen, kopiere die Linien beider Größen. Es gibt Schnitte, in denen die Nahtzugabe bereits enthalten ist, und Schnitte, bei denen du die Nahtzugabe in der von dir gewünschten Breite selbst anzeichnest. Größere Schnittanpassungen kannst du leichter an Schnittteilen ausführen, die keine Nahtzugabe beinhalten. Auch die Schnittteile auf den folgenden Bildern sind ohne Nahtzugabe. Ist an deinem Schnitt die Nahtzugabe schon integriert, darfst du beim Vergleich der Schnitt- und Körpermaße die Nahtzugaben nicht mitrechnen.

WEITE KONTROLLIEREN – EIN BEISPIEL

Lege die Schnittteile von Rückenteil und Vorderteil nebeneinander. Miss zuerst von der hinteren Mitte bis zum linken Abnäherschenkel (Abb. 1).

Verschiebe das Maßband dann über den Abnäher zum rechten Abnäherschenkel und miss von dort weiter bis zur Seitennaht. So stellst du sicher, dass die Weite auch nach dem Nähen des Abnähers stimmt (Abb. 2).

Von der Seitennaht misst du nun knapp oberhalb des Brustabnähers weiter bis zur vorderen Mitte. Das genommene Maß verdoppelst du anschließend. Jetzt weißt du, welches Maß das Kleidungsstück an dieser Stelle nach dem Nähen haben wird (Abb. 3).

An der Taille und Hüfte gehst du genauso vor. Vergleiche dann die errechneten Maße mit deinen Körpermaßen, um festzustellen, ob diese Größe für dich passend ist. Je nachdem, wie luftig du es magst, ist eine Mehrweite von 4–7 cm in Ordnung. Stimmt das Maß nicht überein, gibt es zwei Möglichkeiten: Entweder du kombinierst zwei Größen miteinander oder du gibst Weite zu.

ZWEI GRÖSSEN MITEINANDER KOMBINIEREN

Folge beispielsweise an Hals, Schulter und Armloch den Linien der Größe 40 und finde dann zur Taille hin einen schönen Übergang zu Größe 38, wenn dein Brustumfang einer größeren Größe entspricht als dein Taillenumfang. Bedenke jedoch, dass du an angrenzenden Teilen wie Ärmeln oder Rock den Linien derselben Größe folgen solltest, damit die Weiten später beim Einnähen übereinstimmen.

1

2

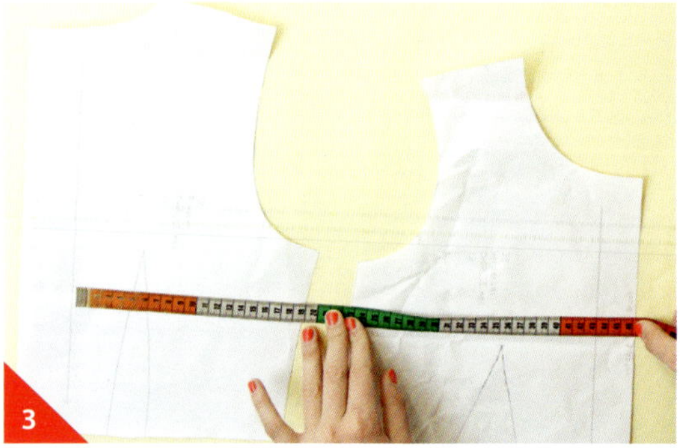
3

WEITE ZUGEBEN

Addiere zu deinem Körpermaß eine Mehrweite von 4–7 cm – je nachdem, wie eng oder weit das Kleid später sitzen soll. Ziehe von diesem Maß das errechnete Gesamtmaß an dieser Stelle des Schnitts ab. Die restlichen Zentimeter dividierst du nun durch 4, da es vorn und hinten je zwei Seitennähte gibt, auf die du die Weite verteilen kannst (Abb. 1). Das errechnete Maß fügst du nun an den Seitennähten deiner Schnittteile an. Finde hierbei einen schönen Verlauf zur ursprünglichen Seitennaht.

ABNÄHER ANPASSEN

Abnäher reduzieren: Hast du einen besonders kleinen Busen, kannst du die Abnäherweite reduzieren. Verschiebe hierzu beide Abnäherenden an der Taille um den gleichen Betrag, z. B. je 1 cm, nach innen und finde nach oben hin einen schönen Verlauf. Da nun am Abnäher weniger Stoff weggenommen wird, musst du die überschüssige Weite, in diesem Falle 2 cm, an der Seitennaht verlaufend wegzeichnen (Abb. 2).

ABNÄHER VERGRÖSSERN

Hast du einen besonders großen Busen, kannst du die Abnäherweite vergrößern. Verschiebe hierzu beide Abnäherenden an der Taille um den gleichen Betrag, z. B. je 1 cm, nach außen und finde nach oben hin einen schönen Verlauf. Da nun am Abnäher mehr Stoff weggenommen wird, musst du die fehlende Weite, in diesem Falle 2 cm, an der Seitennaht verlaufend dazugeben (Abb. 3).

TIPP (GROSSER BUSEN)

Ist die Brust gekräuselt, wie beim Tweedkleid auf Seite 74, fügst du einfach einige Zentimeter an der Seitennaht hinzu, damit du im Brustbereich noch mehr Weite einkräuseln kannst. Ist der Brustbereich in Falten gelegt, vergrößerst du die Tiefe der Falten beidseitig um einige Zentimeter. Füge jedoch auch hier im Anschluss die nun fehlende Weite an der Seitennaht dazu.

1

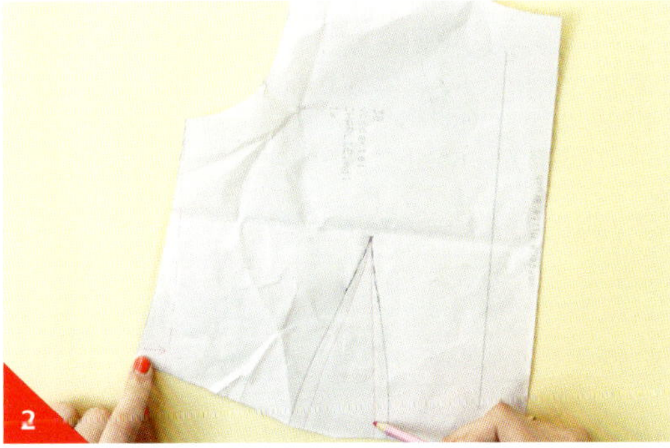
2

3

ABNÄHER VERLÄNGERN ODER KÜRZEN

Endet der Abnäher zu weit oben oder unten, kannst du ihn einfach kürzen oder verlängen. Halbiere hierzu die Tiefe (bzw. bei senkrechen Abnähern die Breite) des Abnähers an der Stoffkante und verbinde diesen Punkt mit der Abnäherspitze, sodass eine Winkelhalbierende entsteht. Auf dieser Linie kannst du das Abnäherende problemlos um einige Zentimeter nach links oder rechts (bzw. oben oder unten) versetzen. Verbinde die Abnäherschenkel mit dem neuen Abnäherende (Abb. 1).

SCHULTER VERSCHMÄLERN

Hast du besonders schmale Schultern, solltest du diese Änderung in Erwägung ziehen, um hängende Schultern zu vermeiden. Lege Vorder- und Rückenteil an der Schulternaht aneinander, sodass sich die äußeren Schulterpunkte treffen. Wundere dich nicht, dass die hintere Schulterbreite etwas größer ist – diese wird beim Nähen eingehalten. Versetze den Schulterpunkt nun um einige Zentimeter nach innen oder – bei besonders breiten Schultern – nach außen. Finde hierbei einen schönen Übergang von vorn nach hinten und in die alte Armlochlinie (Abb. 2).

SCHNITTE VERLÄNGERN ODER KÜRZEN

Bist du besonders groß oder klein – also deutlich über oder unter 1,68 m – und hast oft das Problem, dass bei gekauften Kleidungsstücken die Proportionen nicht stimmen, solltest du vor dem Zuschnitt eine Längenänderung vornehmen.

Hierzu zeichnest du, jeweils im 90°-Winkel zur vorderen bzw. hinteren Mitte, Querlinien ein, einmal im unteren Drittel des Armlochs und einmal im unteren Drittel der Seitennaht (Abb. 3). An den Querlinien schneidest du das Schnittmuster auseinander.

Zeichne auf dem Untergrundpapier zwei Geraden, an die du die vorderen bzw. hinteren Mitten anlegst.

• Verlängern

Schiebe die Schnittteile auseinander. Am Armloch gibst du 0,7 cm dazu, an der Seitennaht 1,3 cm (Abb. 4).

• Kürzen

Schiebe die Schnittteile übereinander. Am Armloch nimmst du 0,7 cm weg, an der Seitennaht 1,3 cm. Gleiche die Nahtverläufe nun ein wenig aus und verbinde die Linien neu (Abb. 5).

ÄRMEL VERLÄNGERN ODER KÜRZEN

Zeichne auch am Ärmel zwei Linien ein – eine im Bereich der Armkugel, eine mittig. Beide Linien verlaufen im 90°-Winkel zum Fadenlauf. Auch am Ärmel gibst du nun Länge hinzu oder nimmst sie weg, damit er später immer noch perfekt in das Armloch passt.

An der oberen Linie addierst oder subtrahierst du 0,5 cm, an der unteren 2 cm. Gleiche auch hier die Form aus, indem du eine Gerade an die neu entstandene Armkugel anlegst (Abb. 6).

Durch diese Änderung lässt sich der Ärmel auch weiterhin super ins Armloch nähen und sollte eine ausreichende Länge für dich haben. Überprüfe das Maß aber sicherheitshalber noch einmal, bevor du den Ärmel zuschneidest. Falls du noch mehr Länge brauchst, füge diese an der unteren Linie hinzu. Am Ärmel ist eine Mehrweite (also der Unterschied zwischen der Weite des Ärmels und der Weite des Armlochs am Vorder- und Rückenteil) zwischen 1,5 und 2,5 cm im Normalbereich.

1

2

3

4

5

6

KINDERSCHNITTE

Die Kindermodelle werden ohne Schnittmuster genäht. Dazu brauchst du einige Körpermaße deines Kindes, die du in die unten stehende Tabelle eintragen kannst. Miss in Ruhe und halte das Maßband nicht zu straff. Achte darauf, dass das Kind natürlich dasteht und nicht z. B. absichtlich den Bauch durchdrückt.

Das Maß D von Handgelenk zu Handgelenk misst du bei leicht gehobenen Armen, wie in der Abbildung gezeigt.

Wenn du nicht am Kind messen kannst, misst du einfach an einem Kleidungsstück, das deinem Kind gut passt und dem Projekt ähnlich ist.

A	Kopfumfang	
B	Halsumfang	
C	Ellbogen bis Ellbogen	
D	Handgelenk bis Handgelenk	
E	Umfang Hand	
F	Bauchumfang	
G	Hüftumfang	
H	Schrittlänge	
I	Umfang Oberschenkel	
J	Umfang Wade	
K	Umfang Knöchel	
L	Beinlänge	
M	Knie bis Knöchel	

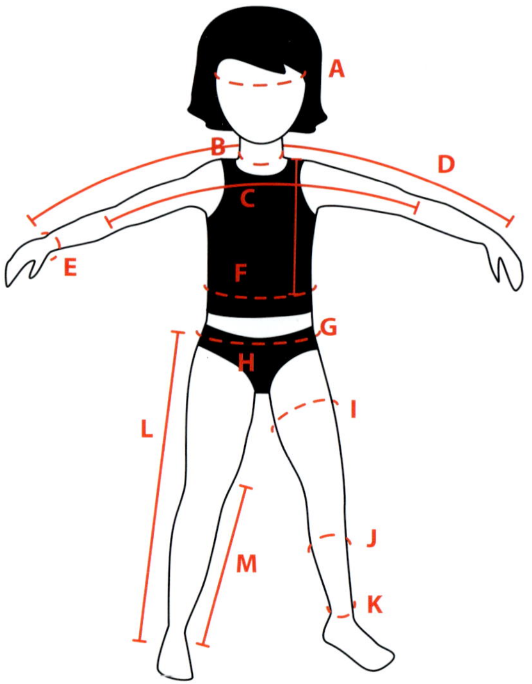

NAHT- UND SAUMZUGABEN

Wie breit du deine Naht- und Saumzugaben machst, ist im Grunde dir überlassen, hängt aber auch vom Stoff ab. Vorteil einer breiteren Nahtzugabe (mehr als 1 cm) ist, im Nachhinein Anpassungen in der Breite vornehmen zu können – wenn man z. B. mal zunimmt. Eine breitere Nahtzugabe verbraucht allerdings auch mehr Stoff und ist an Rundungen schwerer zu verarbeiten. Außerdem wissenswert: Bestimmte Saumvarianten erfordern besondere Nahtzugaben – es ist also am besten, wenn du vor dem Nähen alle Schritte durchgehst und die Naht- und Saumzugaben zum Modell passend anzeichnest.

24
25
26
27
28
29

BLEISTIFTROCK

Größe S–XL

MATERIAL

- Oberstoff: 90 cm bedruckter Baumwollstoff mit Streifen, 140 cm breit
- Vlieseline H200: 30 cm
- 22 cm Reißverschluss

ZUSCHNITT

In den Schnittteilen (Grundschnitt) sind bereits 1 cm Naht- und 4 cm Saumzugabe enthalten.

- Aus Oberstoff
  - 2 × Grundschnitt vorderes Seitenteil (SB 1), gegengleich zuschneiden
  - 1 × Grundschnitt vorderes Mittelteil (SB 1), im Stoffbruch
  - 2 × Grundschnitt hinteres Seitenteil (SB 1), gegengleich zuschneiden
  - 2 × Grundschnitt hinteres Mittelteil (SB 1), gegengleich zuschneiden
  - 1 × Grundschnitt vorderer Bundbeleg (SB 1), im Stoffbruch
  - 2 × Grundschnitt hinterer Bundbeleg (SB 1), gegengleich zuschneiden
- Aus Vlieseline H200
  - 1 × Grundschnitt vorderer Bundbeleg (SB 1), im Stoffbruch
  - 2 × Grundschnitt hinterer Bundbeleg (SB 1), gegengleich zuschneiden

VORBEREITUNG

Bügle die Vliesteile auf die linken Seiten der Belegzuschnitte aus Baumwollstoff.

TIPP

Falls du einen Streifenstoff verwendest, müssen die Streifen beim Zuschnitt an allen Teilen auf der gleichen Höhe sitzen. Nähe sehr genau, damit die Streifenenden an den Nähten aufeinandertreffen.

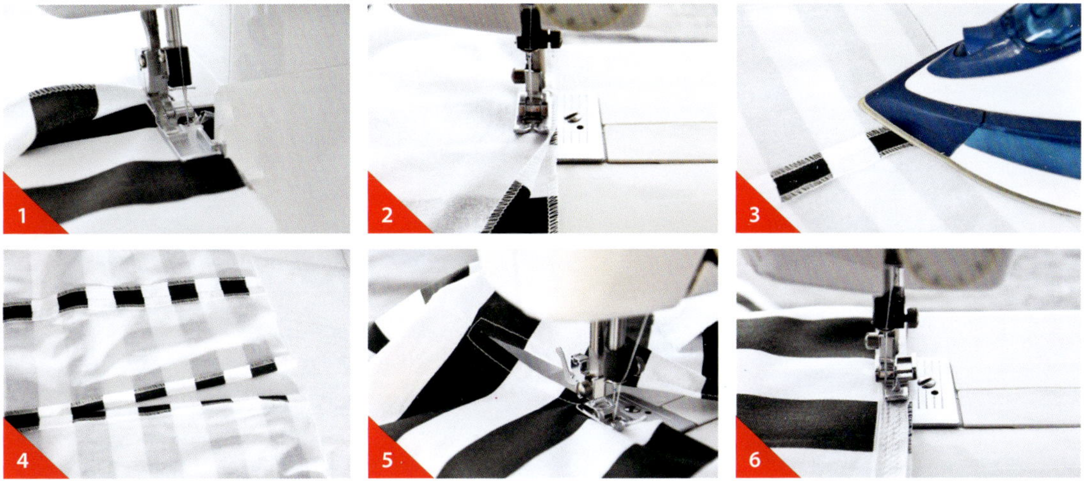

♥ LOS GEHT'S

1. Schnittteile versäubern

Als Erstes versäuberst du alle Schnittteile rundherum. Falls du eine Overlock hast, verwendest du die, ansonsten versäuberst du mit dem Zickzackstich deiner ganz normalen Haushaltsnähmaschine.

2. Teilungsnähte schließen

Schließe anschließend jeweils die Teilungsnähte am Vorderrock und die am Hinterrock, aber nicht die Naht in der hinteren Mitte. Lege dazu die Stoffteile jeweils rechts auf rechts aufeinander und schließe dann die Nähte mit 1 cm Nahtzugabe. Die hintere Mitte bleibt noch offen, da hier später der Reißverschluss eingenäht wird.

3. Bügeln

Nun bügelst du die Nähte auseinander, d. h., du bügelst von links die Nahtzugaben auseinander, sodass die Nähte schön flach werden. Zwischenbügeln ist ein wichtiger Schritt, denn nicht umsonst gibt es die Nähweisheit „Gut gebügelt ist halb genäht". Wenn du dies beherzigst, kommst du oft viel schneller und problemloser zu einem schönen Ergebnis, das sich sehen lassen kann.

4. Hintere Mittelnaht schließen

Markiere die Länge des Reißverschlusses von oben her an der hinteren Mitte. Von unten markierst du 15 cm für den Schlitz. Nun die hintere Mitte vom Ende des Reißverschlusses bis zur Schlitzmarkierung mit 1,25 cm Nahtbreite schließen. Dann die Naht auseinanderbügeln

5. Schlitz absteppen

Der Schlitz kann nun füßchenbreit (0,75 cm breit) abgesteppt werden. Das obere Ende des Schlitzes steppst du in einem 90-Grad-Winkel ab. Dies sieht nicht nur ordentlich aus, sondern sorgt auch dafür, dass die Naht untendrunter schön glatt liegt.

6. Erste Reißverschlussseite annähen

Wechsle auf das Reißverschlussfüßchen. Lege den geöffneten Reißverschluss bündig rechts auf rechts an die Kante der hinteren Mitte an, die Reißverschlusszähnchen sollten 1 cm unterhalb der Oberkante beginnen und 1 cm unterhalb der geschlossenen Naht enden. Nähe nah an den Zähnchen entlang die erste Seite des Reißverschlusses mit 0,75 cm Nahtbreite fest.

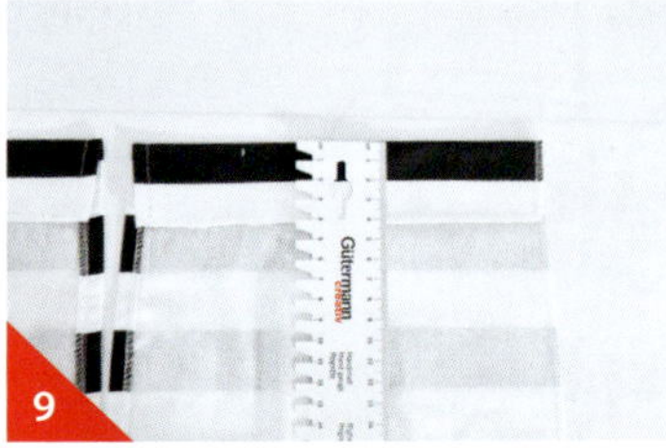

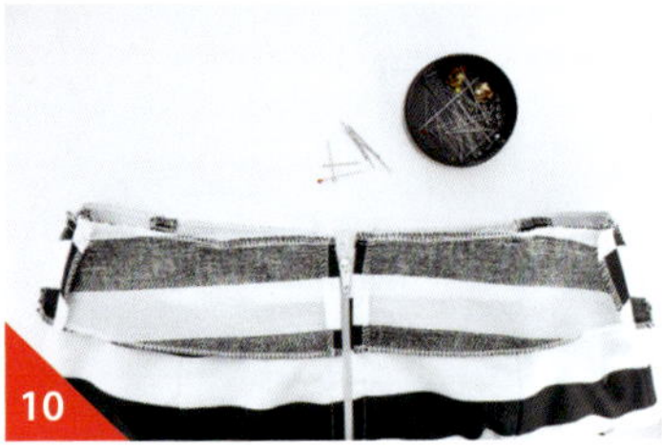

7. Zweite Reißverschlussseite annähen

Jetzt ziehst du den Reißverschluss zu und steckst die andere Seite des Reißverschlussbands rechts auf rechts auf der anderen Schlitzseite fest. Wenn du ein beidseitiges Reißverschlussfüßchen hast, kannst du damit nun ebenfalls vom oberen Ende aus die zweite Seite festnähen.

8. Reißverschluss absteppen

Klappe alles richtig hin und steppe den Reißverschluss von der rechten Stoffseite ab. Dies ist normalerweise sehr ungewöhnlich, aber zu dem Marine-Look mit Streifen passt es perfekt. Daher steppe den Reißverschluss einmal U-förmig rundherum füßchenbreit ab.

9. Saum vorbereiten und Seitennähte schließen

Nun kannst du den Saum schon mal vorbereiten. Der Saum ist hier 4 cm breit. Daher bügle mithilfe des Handmaßes den Saum an den unteren Rockkanten beider Rockteile 4 cm breit nach links um. Dann schließt du die Seitennähte des Rocks. Dazu klappst du den Saum erst mal wieder auf. Auch an den Seitennähten bügelst du die Nahtzugaben auseinander.

10. Beleg zusammennähen

Anschließend schließt du die beiden Seitennähte des Bundbelegs und bügelst diese auseinander. Stecke den Bundbeleg rechts auf rechts an die obere Kante des Rocks. Die Seitennähte des Bundbelegs müssen haargenau auf den Seitennähten des Rocks liegen. Die Belegenden am Reißverschluss schlägst du 1 cm breit nach links ein, sodass sie auf dem Reißverschlussband enden.

11. Nahtzugabe auf den Beleg steppen

Nähe den Beleg mit 1 cm Nahtzugabe an und bügle anschließend die Nahtzugaben in Richtung des Bundbelegs. Nun wird dieser flach gesteppt. D. h., du steppst mit 2–3 mm Abstand entlang der oberen Kante die Nahtzugaben auf den Bundbeleg, der Rock wird vorher zur Seite geklappt und nicht mitgefasst.

12. Bund absteppen und Saum nähen

Bügle den Beleg in den Rock und steppe den Bund anschließend einmal 3 cm breit ab. Jetzt fehlt nur noch der Saum. Steppe dazu mit 3,5 cm Nahtbreite den Saum rundherum ab. Fertig ist der Bleistiftrock!

WICKELROCK

MATERIAL

- Oberstoff: 110 cm bedruckter Baumwollstoff mit Karomuster, 140 cm breit
- Futterstoff: 50 cm Baumwollstoff in Weiß, 140 cm breit
- Vlieseline H200: 45 cm
- 1,8 m Paspelband
- 2 Rockverschlüsse (Haken-Ösen-Sets)

ZUSCHNITT

In den Schnittteilen sind bereits 1 cm Naht- und 4 cm Saumzugabe enthalten.

- Aus Oberstoff
  - 2 × Wickelrock Vorderteil (SB 1), gegengleich zuschneiden
  - 2 × Grundschnitt hinteres Seitenteil (SB 1), gegengleich zuschneiden (Länge Wickelrock)
  - 1 × Grundschnitt hinteres Mittelteil (SB 1), im Stoffbruch (Stoffbruch = hintere Mitte Wickelrock, Länge Wickelrock)
  - 2 × Grundschnitt vorderer Bundbeleg (SB 1), im Stoffbruch
  - 1 × Grundschnitt hinterer Bundbeleg (SB 1), im Stoffbruch
- Aus Futterstoff
  - 2 × Wickelrock Vorderteil (SB 1), gegengleich zuschneiden
- Aus Vlieseline H200
  - 2 × Grundschnitt vorderer Bundbeleg (SB 1), im Stoffbruch
  - 1 × Grundschnitt hinterer Bundbeleg (SB 1), im Stoffbruch

VORBEREITUNG

Bügle die Vliesteile auf die linken Seiten der Belegzuschnitte aus Baumwollstoff.

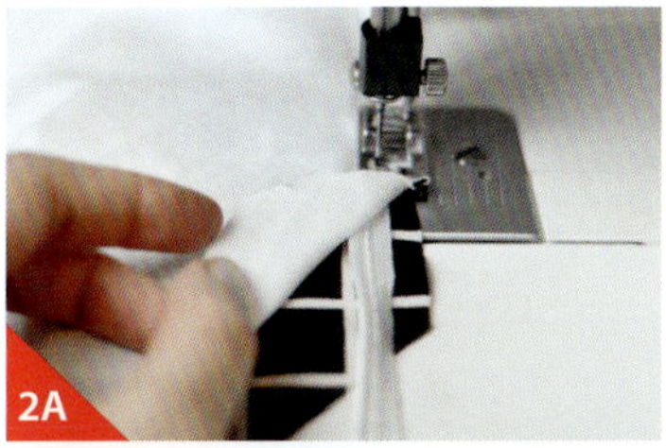
2A

2B

4

5

7A

7B

♥ LOS GEHT'S

1. Teilungsnähte und Abnäher schließen

Schließe die Teilungsnähte im Hinterrock jeweils rechts auf rechts. Falte die Vorderteile in der Mitte der Abnäher jeweils so rechts auf rechts , dass die Abnähermarkierungen an der Kante genau aufeinanderliegen. Nähe von dieser Markierung bis zur Abnäherspitze. Die Fäden lang hängen lassen, ohne zu verriegeln, und dann verknoten. Nähe so alle Abnäher.

2. Paspel annähen

Lege jeweils die passenden Vorderteile aus Ober- und Futterstoff rechts auf rechts aufeinander. An den Säumen und an der Seitenkante des linken Vorderteils legst du noch das Paspelband zwischen die Stofflagen und steckst es fest. Nähe die Teile an den Seiten- und Unterkanten zusammen, schneide die Nahtzugaben an den Ecken schräg ab und wende die Teile. Bügle die Paspelkanten gut aus.

3. Seitennähte schließen

Schließe die Seitennähte am Rock und den Bundbelegen jeweils rechts auf rechts. Das hintere Rockteil steht an der Saumkante genau 4 cm über. Versäubere die Nahtzugaben an den Nähten jeweils gemeinsam und bügle sie zur hinteren Mitte. Versäubere auch die Saumkante am hinteren Rockteil und die Belegunterkanten.

4. Saum nähen

Der Saum am Rückteil wird umgebügelt und jeweils an den Nahtzugaben der Teilungsnähte mit 2–3 Stichen angenäht. So ist von außen keine Naht sichtbar.

5. Beleg annähen

Anschließend nähst du den Bund an. Die Seitenkanten des Belegs schlägst du dabei 1 cm breit nach links ein. Dann steppst du den Beleg ab (die Nähte liegen zum Beleg hin). Das Flachsteppen ist beim Bleistiftrock auf Seite 17 beschrieben.

6. Bund absteppen

Bügle den flach gesteppten Beleg in den Rock und steppe den Bund anschließend einmal ab. Nähe die Seitenkanten des Belegs unsichtbar von Hand an.

7. Verschlüsse annähen

Nähe an der äußeren oberen Kante des Wickelrocks von innen das erste Häkchen 1 cm unterhalb der Oberkante an. Dann markierst du die Stelle, an der die Unterseite des Häkchens angebracht werden soll, und nähst es fest. Kurz vor der rechten Seitennaht bringst du an den beiden Vorderteilen das andere Häkchen (Ober- bzw. Unterteil) an. Achte darauf, dass die Stiche an der Außenseite nicht zu sehen sind.

ZIPPER-ROCK

Größe S–XL

MATERIAL

- Oberstoff 1: 60 × 50 cm fester Baumwoll-Webstoff, z. B. mit schwarz-weißem Webmuster
- Oberstoff 2: 70 cm Lederimitat in Schwarz, 120 cm breit
- 22 cm Reißverschluss
- 1 nicht teilbarer Metallreißverschluss, 40 cm lang

ZUSCHNITT

In den Schnittteilen (Grundschnitt) sind bereits 1 cm Naht- und 4 cm Saumzugabe enthalten.

- **Aus Oberstoff 1**
  - 1 × Grundschnitt vorderes Mittelteil (SB 1), im Stoffbruch
  - 2 × Grundschnitt hinteres Mittelteil (SB 1), gegengleich zuschneiden
- **Aus Oberstoff 2/Lederimitat**
  - 2 × Grundschnitt vorderes Seitenteil (SB 1), gegengleich zuschneiden
  - 2 × Grundschnitt hinteres Seitenteil (SB 1), gegengleich zuschneiden
  - 1 × Grundschnitt vorderer Bundbeleg (SB 1), im Stoffbruch
  - 2 × Grundschnitt hinterer Bundbeleg (SB 1), gegengleich zuschneiden

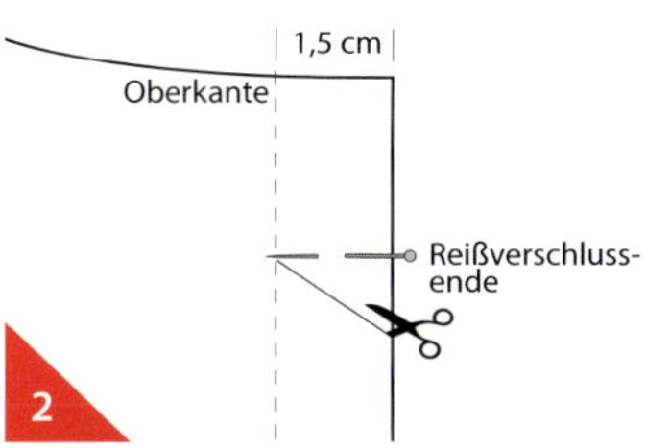

♥ LOS GEHT'S

1. Teilungsnähte schließen

Versäubere alle Schnittteile und schließe die seitlichen Teilungsnähte im Hinterrock. Setze den Reißverschluss ein, wie auf Seite 15 und 16 beschrieben. Im Vorderrock schließt du nur die linke Teilungsnaht (von vorn gesehen). Bügle die Nahtzugaben auseinander.

2. Bügeln

Für den Metallreißverschluss musst du an den noch offenen Kanten der Vorderteile die Nahtzugaben jeweils 1,5 cm breit schräg einschneiden, wie in der Skizze gezeigt. Lege dazu den Reißverschluss an die Rockteile. Unten schließen die Zähnchen genau mit der Saumkante, also 4 cm oberhalb der Stoffkante, ab. Das Reißverschlussende liegt oben. Markiere das Reißverschlussende (Ende der Raupe, nicht der Stoffbänder) und schneide die Stoffkanten ein. Schließe die kurze Naht oberhalb des Einschnitts 1 breit und bügle die Nahtzugaben auseinander. Anschließend bügelst du die Kanten unterhalb des Einschnitts 1,5 cm breit nach links um.

3. Reißverschluss feststecken

Stecke den Reißverschluss rechts auf links unter die Rockvorderteile, sodass von außen 1 cm des Reißverschlusses zwischen den Bügelkanten zu sehen ist und sich der Reißverschluss von unten nach oben öffnet.

4. Reißverschluss einnähen

Das kleine Stoffdreieck zwischen Reißverschlussende und oberer Naht steckst du nach innen. Den Saum bügelst du 4 cm breit nach links um, sodass er genau mit dem Reißverschluss abschließt. Die Saumkanten unterhalb des Reißverschlusses schlägst du dabei auch nach links ein und steckst sie am Reißverschluss fest, sodass du sie gleich mitfasst, wenn du den Reißverschluss einnähst. Dann steppst du den Reißverschluss füßchenbreit (5 mm breit) an beiden Längskanten und der Oberkante fest, du nähst also von unten einmal U-förmig um den Reißverschluss. Achte oben darauf, dass du hinter der Metallklammer am Ende des Reißverschlusses steppst, sonst kann die Nadel brechen.

5. Belege annähen

Nähe die Belege an den Seitenkanten rechts auf rechts aufeinander. Bügle die Nahtzugaben auseinander. Anschließend steckst du den Beleg fest, nähst ihn an und steppst ihn fest, wie beim Bleistiftrock auf Seite 16 ausführlich beschrieben.

6. Saum annähen

Steppe den umgebügelten Saum 3,5 cm von der Unterkante entfernt ab. Bei einem breiten Saum ist das Nähen leichter, wenn du ihn mit ein paar Stecknadeln fixierst.

ROCK MIT KNOPFLEISTE

Größen S–XL

MATERIAL

- Oberstoff: 100 cm Wildlederimitat in Braun, 140 cm breit
- Bundeinlageband für 3,5 cm breiten Bund (fertige Breite): 100 cm
- Vlieseline H200: 30 cm
- 7 Druckknöpfe, Durchmesser 2 cm
- Pappe als Bügelschablone: 10 × 10 cm

ZUSCHNITT

In den Schnittteilen (Grundschnitt, kurze Variante) sind bereits 1 cm Naht- und 4 cm Saumzugabe enthalten.

- Aus Wildlederimitat
  - 2 × Grundschnitt vorderes Seitenteil (SB 1), gegengleich zuschneiden
  - 2 × Grundschnitt vorderes Mittelteil mit Knopfleiste (SB 1)
  - 2 × Grundschnitt hinteres Seitenteil (SB 1), gegengleich zuschneiden
  - 1 × Grundschnitt hinteres Mittelteil (SB 1), im Stoffbruch Rock mit Knopfleiste
  - 2 × Grundschnitt vorderer Bundbeleg (SB 1), bis Kante Übertritt Knopfleiste
  - 1 × Grundschnitt hinterer Bundbeleg (SB 1), im Stoffbruch
  - 2 × Rock mit Knopfleiste Tasche (SB 1)
- Aus Vlieseline H200
  - 2 × Grundschnitt vorderer Bundbeleg (SB 1), bis Kante Übertritt Knopfleiste
  - 1 × Grundschnitt hinterer Bundbeleg (SB 1), im Stoffbruch

TIPP

Vorsicht beim Bügeln des Kunstleders: Bügle nicht zu heiß und verwende ein Bügeltuch.

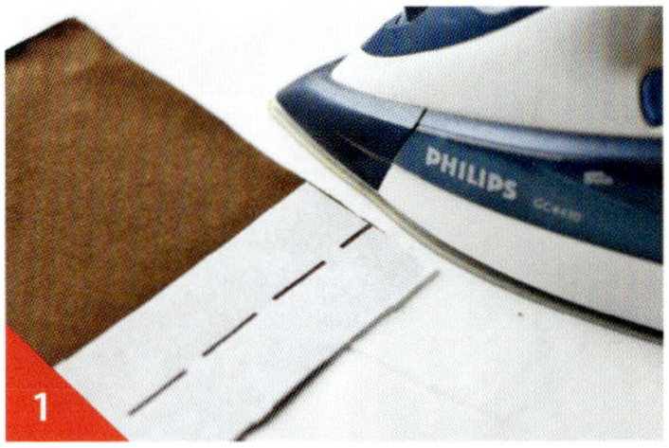

♥ LOS GEHT'S

1. Schnittteile vorbereiten

Bügle die Einlage H200 auf die linken Seiten der Bundbelege und das Bundeinlageband auf die Knopfleisten.

2. Teilungsnähte schließen

Schließe die Teilungsnähte im Hinterrock und die seitlichen Teilungsnähte im Vorderrock jeweils rechts auf rechts.

3. Nähte absteppen

Anschließend legst du die Nahtzugaben jeweils in Richtung Seitennaht und steppst die Nähte von der rechten Seite aus ab.

4. Knopfleisten bügeln

Bügle die Knopfleiste des linken Vorderteils an der vorderen Mitte und die Knopfleiste des rechten Vorderteils 1 × 1 cm und noch einmal 3,5 cm breit nach links um. Falte dann die Knopfleisten rechts auf rechts: am linken Teil an der gerade eingebügelten vorderen Mitte, am rechten Teil entlang des 3,5 cm breiten Einschlags.

5. Bundbeleg annähen

Schließe dann die Seitennähte des Bundbelegs rechts auf rechts und bügle die Nahtzugaben auseinander. Fixiere den Beleg mit Clips an der Bundkante. Am linken Rockteil steht der Beleg vorn über. Kürze ihn hier bis zur Kante des Vorderteils. Nähe den Beleg fest, dabei fasst du auch die eingeschlagenen Knopfleisten mit.

6. Beleg absteppen

Danach steppst du den Bundbeleg flach. Eine genaue Anleitung findest du beim Modell Bleistiftrock auf Seite 16 unter Schritt 11.

7. Beleg wenden und Knopfleiste absteppen

Schneide die Nahtzugaben an den vorderen Ecken schräg ab und wende Beleg und Knopfleisten. Bügle die Kanten und steppe den Beleg 3 cm breit ab. Nun wird die Knopfleiste abgesteppt: Auf beiden Seiten, also dem linken Vorderteil, das später oben liegen wird, und dem rechten Vorderteil, das später unten liegen wird, jeweils 3 cm breit ab der Steppnaht am Bund.

8. Knöpfe markieren

Jetzt kommen Hammer und Stanze zum Einsatz – ein Stanzwerkzeug ist bei den Druckknöpfen dabei. Du markierst zunächst die Position der Knöpfe am linken Vorderteil für die Knopfoberteile. Der oberste Knopf soll mittig auf dem abgesteppten Bund sitzen, also je 1,5 cm von Ober- und Vorderkante entfernt. Für die anderen Knöpfe markierst du jeweils Punkte im Abstand von 5,5 cm zur vorherigen Markierung, jeweils auch mit 1,5 cm Abstand zur vorderen Kante.

9. Knöpfe montieren

Stanze mit Hammer und Stanze oder mit der Lochzange kleine Löcher an den Markierungen. Lege die Knopfleisten übereinander, dabei stößt das linke Vorderteil an die Steppnaht der Knopfleiste am rechten Vorderteil. Zeichne durch die Löcher Markierungspunkte auf das rechte Vorderteil. So kannst du sichergehen, dass die Knopfleiste später bündig schließen wird. Montiere die Knöpfe, wie in der Packungsbeilage beschrieben.

10. Tasche vorbereiten

Lege die Pappschablone auf die linke Seite eines Taschenzuschnitts mit je 1 cm Abstand zu den Seiten- und der Unterkante. Nach oben sind 4 cm Platz. Bügle zuerst die Oberkante um die Schablone zur linken Seite. Anschließend bügelst du auch die Seiten- und Unterkanten nach links um. Nimm die Schablone aus der Tasche und steppe die Oberkante von rechts 3 cm breit ab.

11. Taschen aufnähen

Zeichne mithilfe der Schablone die Positionen der Taschen mit Kreide auf die Vorderteile. Die Oberkanten der Taschen liegen in der Höhe genau zwischen dem 2. und 3. Knopf und mittig über der Teilungsnaht. Fixiere dann die Taschen mithilfe von Kreppband oder doppelseitigem Klebeband. Falls du Kreppband verwendest, teste zuerst an einem Rest, ob sich der Kleber wieder rückstandsfrei entfernen lässt. Steppe die Taschen an den Seiten- und der Unterkante knappkantig (2–3 mm breit) ab. Nahtanfang und -ende verriegelst du, damit die Tasche nicht ausreißen kann. Den Tascheneingriff oben offen lassen.

12. Saum absteppen

Bügle dann den Saum 4 cm breit nach links um und steppe ihn 3,5 cm breit fest. Bei diesem Modell habe ich mich dazu entschieden, den Saum mit einem Zickzackstich zu schließen, allein um der Optik willen.

AUSGESTELLTER ROCK

Größen S–XL

MATERIAL

- Oberstoff: Größe S und M: 155 cm; Größe L und XL: 225 cm fester Baumwollstoff in Schwarz, 140 cm breit
- Bundeinlageband für 3,5 cm breiten Bund (fertige Breite): 100 cm
- 22 cm nahtverdeckter Reißverschluss

ZUSCHNITT

In den Schnittteilen (Grundschnitt) sind bereits 1 cm Naht- und 4 cm Saumzugabe enthalten.

- Aus Oberstoff
  - 2 × Grundschnitt vorderes Seitenteil (SB 1), gegengleich und nach Anleitung modifiziert zuschneiden
  - 1 × Grundschnitt vorderes Mittelteil (SB 1), im Stoffbruch, nach Anleitung modifiziert zuschneiden
  - 2 × Grundschnitt hinteres Seitenteil (SB 1), gegengleich und nach Anleitung modifiziert zuschneiden
  - 2 × Grundschnitt hinteres Mittelteil (SB 1), gegengleich und nach Anleitung modifiziert zuschneiden
  - 1 × Bund: Maße siehe Schritt 3 der Anleitung

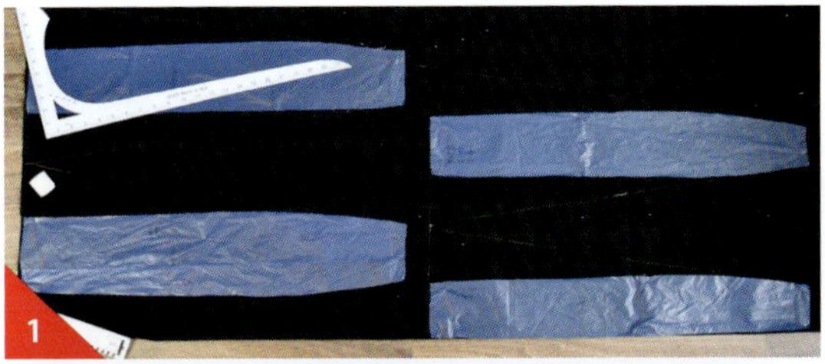

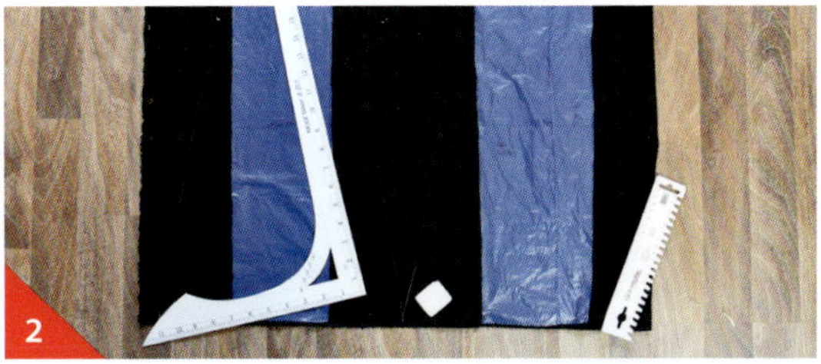

♥ LOS GEHT'S

1. Schnitt auflegen

Für die Ausstellung des Saums benötigst du Platz zwischen den aufgelegten Schnittteilen, daher lege die Schnittteile mit genügend Abstand (mindestens 20 cm) zueinander auf den in den Bruch gelegten Stoff. Beachte dabei den Fadenlauf.

2. Schnitt modifizieren

Dieser Rock wird an jeder Naht zum Saum hin 10 cm ausgestellt. Dafür nimmst du Lineal und Kreide zur Hand und verlängerst als Erstes die Saumlinie waagrecht. Dann markierst du im Abstand von 10 cm zum Schnittteil die Ausstellung des Rocks. Nun musst du nur noch mit einem langen Lineal eine Linie von der neuen unteren Ecke bis zur bisherigen Hüftlinie ziehen, sodass der Übergang glatt ist. Orientiere dich dabei an dem Schnittbild oben auf dem Foto. Nach dem Ausschneiden schließe die Teilungsnähte im Vorderteil sowie die seitlichen Teilungsnähte im Rückteil, aber nicht die in der hinteren Mitte. Versäubere die Nähte und die Außenkanten.

3. Bund vorbereiten

Es gibt keinen angeschnittenen Bund (also keinen, der am Schnittteil schon mit dranhängt) mit Bundbeleg, sondern einen angesetzten. Dafür schneidest du einen 12 cm breiten Streifen zu. Die Länge des Bunds setzt sich aus deinem Taillenumfang zusammen plus der Nahtzugabe. Hast du eine 63-cm-Taille, dann gibst du 3 cm Puffer dazu sowie 2 cm Nahtzugabe (1 cm pro Seite). Also ist dein Bund dann 68 cm lang.

4. Einlage aufbügeln

Damit der Bund hinterher auch schön sitzt und die gewünschte Stabilität hat, bügelst du das Bundeinlageband auf den Innenbund.

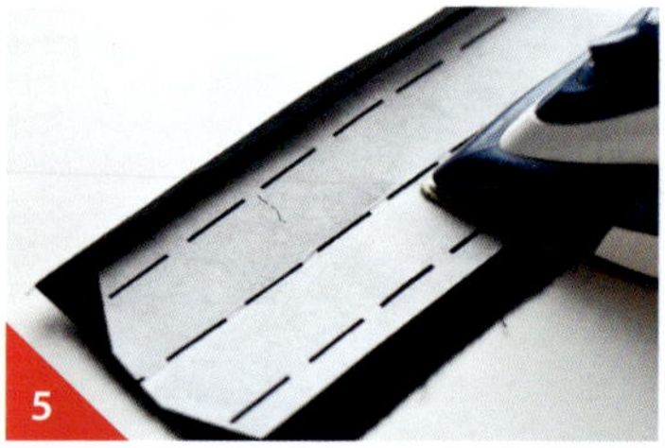

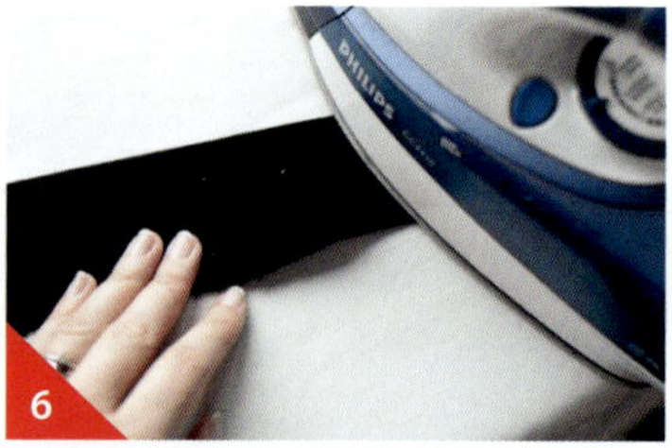

5. Bund bügeln – Schritt 1

Wenn du einen angesetzten Bund verarbeiten willst, funktioniert dies etwas anders als bei einem angeschnittenen Bund. Du bügelst also den Bund zur Hälfte, klappst ihn wieder auf und bügelst anschließend an der Unterkante den Bund noch einmal 1 cm breit um.

6. Bund bügeln – Schritt 2

Anschließend klappst du den Bund zu und legst die noch offene Kante um den gebügelten Bund herum. Wenn du die nun ebenfalls umbügelst, hast du auf dieser Seite 0,8 cm Nahtzugabe, d. h., das Hauptteil des Bunds ist auf dieser Seite, dem Innenbund, 2 mm breiter als auf der anderen, dem Außenbund.

7. Bund annähen

Nun klappst du den Bund wieder auf und legst ihn mit der 1 cm breit umgebügelten Kante rechts auf rechts an die Rockkante. Nähe dann den Bund mit 1 cm Nahtzugabe rundum fest.

8. Reißverschluss einnähen

Der Reißverschluss kommt jetzt erst an die Reihe. Nähe den Reißverschluss ein, wie auf Seite 46 in Schritt 9 und 10 beschrieben. Danach schließt du die Naht unterhalb des Reißverschlusses rechts auf rechts und bügelst die Nahtzugaben auseinander. Anschließend schlägst du am Bund die 0,8 cm breite Nahtzugabe sowie die seitlichen Nahtzugaben in den Bund und steppst die Unterkante knappkantig von außen auf dem Bund ab. Auf der Innenseite des Rocks ist nun dank des etwas breiteren Innenbunds keine Naht oder offene Kante mehr zu sehen. Die Seitenkanten des Bunds nähst du innen von Hand an das Reißverschlussband.

9. Saum nähen

Zuletzt wird der Rock noch gesäumt: Dazu bügelst du den Saum 4 cm breit um und steppst ihn dann von rechts 3,5 cm breit ab. Bei einem breiten Saum ist das Nähen leichter, wenn du ihn mit ein paar Stecknadeln fixierst. Fertig ist der ausgestellte Rock.

PULLIKLEID

Größe S–XL

MATERIAL

- Viskosejersey in Schwarz-Weiß mit Streifen: 190 cm, 150 cm breit
- Viskosejersey in Rot: 20 cm, 150 cm breit
- Heftgarn

ZUSCHNITT

Die Nahtzugaben sind NICHT im Schnitt enthalten. Füge rundherum 1,5 cm Nahtzugabe hinzu. Am Ärmelsaum benötigst du ebenfalls 1,5 cm Nahtzugabe, am Rocksaum 3 cm.
Unten auf dem Zuschneideplan kannst du sehen, wie die Teile aus dem gestreiften Stoff zugeschnitten werden. Achte darauf, dass die Streifen am Vorder- und Rückenteil auf gleicher Höhe liegen, sodass sie beim Zusammennähen an den Seiten aufeinandertreffen.

- Aus Streifenjersey
  - 1 × Pullikleid Vorderteil (SB 2), im Stoffbruch
  - 1 × Pullikleid Rückenteil (SB 2), im Stoffbruch
  - 2 × Ärmel in ¾-Länge (SB 2), gegengleich zuschneiden
  - 1 × Pullikleid Halsbeleg vorn (SB 2), im Stoffbruch
  - 1 × Pullikleid Halsbeleg hinten (SB 2), im Stoffbruch
- Aus Jersey in Rot
  - 2 × Pullikleid Schleife (SB 2)
  - 1 × Pullikleid Band Schleife (SB 2)
  - 2 × Pullikleid Ärmelbündchen (SB 2)
  - 2 × Pullikleid Tasche (SB 2)

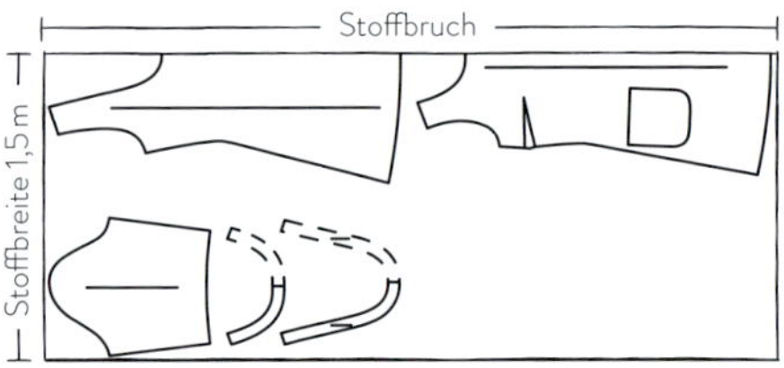

♥ LOS GEHT'S

1. Abnäher und Seitennähte nähen

Nähe die vorderen Abnäher, siehe Seite 19, Schritt 1, und bügle sie nach unten. Dann nähst du die Seitennähte zunächst mit der normalen Nähmaschine und einem Geradstich rechts auf rechts zusammen, indem du die Streifen exakt mit Quernadeln aufeinandersteckst und langsam mit 1,5 cm Nahtzugabe darübernähst.

2. Seitennähte mit Overlock oder Zickzack nähen

Nähe die Nähte dann nochmals mit der Overlockmaschine oder mit Zickzackstich, sodass die Geradstiche knapp überdeckt werden. Auf diese Weise stellst du sicher, dass sich die Streifen genau treffen, die Nähte aber beim Dehnen nicht reißen. Schneide die Nahtzugaben zurück. Schließe die Schulternähte mit einer elastischen Naht (= mit einem elastischen Stich deiner Nähmaschine oder einem ganz schmal eingestellten Zickzackstich).

3. Taschen vorbereiten

Bereite die Taschen vor, wie beim Latzkleid auf Seite 79 und 80 in Schritt 7 und 8 beschrieben. Stecke sie auf das Vorderteil, wie im Schnittmuster eingezeichnet, und nähe sie unten und an den Seiten knappkantig auf.

4. Schleife nähen

Nähe die Schleifenteile an der oberen und unteren Kante rechts auf rechts aufeinander und wende das Nähstück. Fixiere die Falten in der Mitte mit Handstichen, sodass eine schöne Schleife entsteht. Nähe auch das Schleifenband an den Längskanten rechts auf rechts zusammen und wende es nach außen. Lege dann das Band in der Mitte rechts auf rechts um die Schleife und nähe die Enden mit einem halben Nähfuß oder Handstichen zusammen. Klappe das Band um, sodass die rechte Seite außen liegt und die Nahtzugaben innen, sodass sie auf der rechten Seite nicht sichtbar sind.

5. Schleife fixieren

Befestige die Schleife mit Heftstichen zwischen den Knipsen auf der Nahtzugabe am hinteren Ausschnitt.

6. Ärmel nähen und feststecken

Schließe die Seitennähte der Ärmel rechts auf rechts, wie in Schritt 1 für die Seitennähte beschrieben, wende die Ärmel auf rechts und stecke sie dann rechts auf rechts in das Armloch, sodass sich im unteren Bereich des Armausschnitts die Streifen treffen.

7. **Ärmel einnähen**

Nähe den Ärmel zunächst mit Geradstichen ein und nähe dabei langsam über die Stecknadeln. Versuche, die Weite mit den Händen zu verteilen, ohne Falten einzunähen. Versäubere die Naht dann mit Zickzackstichen oder einer Overlocknaht, sodass die Geradstiche knapp überdeckt werden. Nähe den zweiten Ärmel genauso ein.

8. **Belege zusammennähen**

Schließe an den Belegen die Schulternähte rechts auf rechts und versäubere diese und die Außenkante des Belegs. Stecke den Beleg an den Halsausschnitt.

9. **Belege annähen**

Nähe nun den Beleg mit Geradstichen rundherum an den Halsausschnitt. Fasse dabei die Schleife mit. Die Teile liegen hier, da die Schleife dazwischen ist, etwas anders als beim „normalen" Einnähen eines Belegs. Hauptsache, der Beleg liegt immer rechts auf rechts auf dem Oberteil. Schneide die Nahtzugaben ein und wende den Beleg nach innen. Bügle die Naht glatt.

10. **Beleg wenden**

Steppe den Rückenausschnitt dann etwa 2 cm von der Kante entfernt nochmals mit Geradstichen fest. Quernadeln sorgen auch hier dafür, dass nichts verrutscht.

11. **Ärmelbündchen nähen**

Nähe die Ärmelbündchen mit einer elastischen Naht entlang der kurzen Seiten rechts auf rechts zusammen.

12. **Ärmelbündchen annähen**

Klappe die Bündchen nun links auf links zur Hälfte, sodass die Nähte innen liegen. Nähe sie mit einer elastischen Naht rundherum rechts auf rechts an die unteren Ärmelkanten. Versäubere die Nahtzugaben und bügle sie anschließend nach oben in den Ärmel.

13. **Saum nähen**

Versäubere die Saumkante mit Zickzackstichen oder der Overlock. Bügle die Kante 3 cm breit nach links um und steppe des Saum dann mit Geradstichen von rechts 2,5 cm breit ab.

STOFFMIX-KLEID

Dieses Kleid hat kein fertiges Schnittmuster, sondern du erstellst den Schnitt Schritt für Schritt beim Zuschnitt. In Schritt 1–6 lernst du, wie du den Oberteilgrundschnitt erstellst. Für das Kleid brauchst du allerdings nur den Schnitt bis zur Taillenlinie. Beginne deshalb mit dem Aufzeichnen deines Schnitts, wie ab Schritt 7 beschrieben.

♥ MATERIAL

- **Stoffempfehlung für das Oberteil**
  - Jersey; 2× die Oberteillänge + 5 cm für Nahtzugaben, 140 cm breit
- **Stoffempfehlung für das Rockteil**
  - leichter, gut fallender Webstoff oder ebenfalls Jersey, z. B. in anderer Farbe; 2× die Rocklänge + 10 cm für Naht- und Saumzugaben, 140 cm breit

TIPP

Nähe das Grundmodell doch erst einmal aus einem nicht zu kostspieligen Webstoff und addiere eher großzügig Weite zu deinen Körpermaßen. Mithilfe dieses Teils kannst du die Passform dann weiter perfektionieren.

Du kannst hier ganz wunderbar mit unterschiedlichen Stoffen, Strukturen und Farben spielen. Mit dem in der Seitennaht mitgefassten Bindeband kannst du das bequeme, locker sitzende Kleid ganz schnell und einfach taillieren.

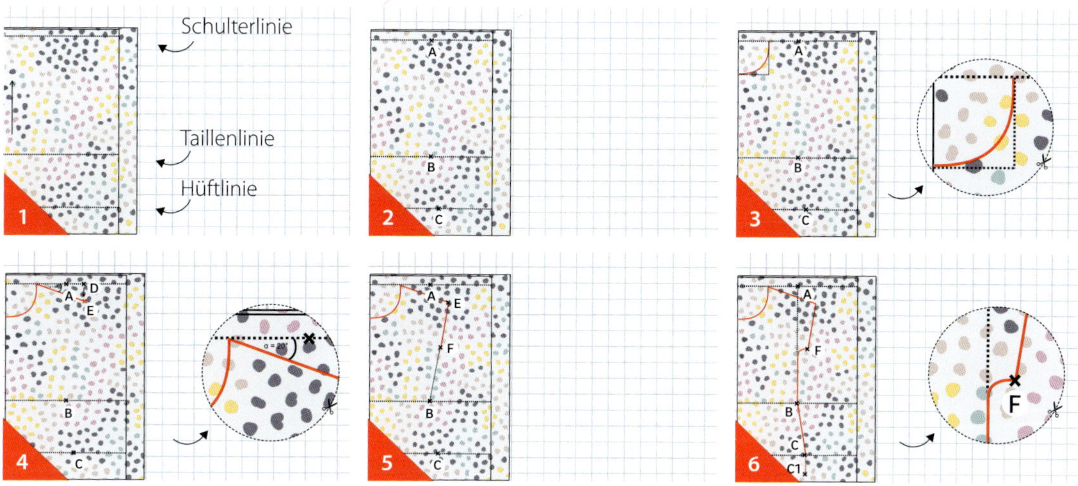

♥ LOS GEHT'S

1. Oberteilgrundschnitt erstellen

Falte deinen Stoff rechts auf rechts zusammen. Im rechten Winkel zum Stoffbruch markierst du drei Hilfslinien. Zuerst zeichnest du ein paar Zentimeter unterhalb der Oberkante die Schulterlinie. Miss den Abstand von deiner Schulter über die Brust bis zu deiner Taille und zeichne in der entsprechenden Entfernung eine weitere Linie, die Taillenlinie. Von deiner Taille abwärts miss bis zur breitesten Stelle der Hüfte. In diesem Abstand markiere die Hüftlinie als dritte Linie.

2. Eckpunkte markieren

Addiere etwa 5 cm zu deinem Brustumfang (für ein sehr weites Kleid oder Webware 6–10 cm). Teile diese Summe durch vier. Miss diese Entfernung vom Stoffbruch weg auf der Schulter- und der Taillenlinie ab und zeichne zwei Punkte ein, A und B. Rechne zu deinem Hüftumfang 5 cm (bzw. 6–10 cm) dazu, teile das Ergebnis durch vier. Zeichne in dieser Entfernung auf der Hüftlinie einen dritten Punkt, C.

3. Halsausschnitt anzeichnen

Überlege dir zunächst, wie groß dein Halsausschnitt sein soll (vergleiche ihn z. B. mit einem fertigen Kleidungsstück), und zeichne danach den halben vorderen Halsausschnitt zwischen Schulterlinie und Stoffbruch ein. In diesem Beispiel ist der halbe Ausschnitt etwa 10 cm breit und 12 cm tief.

4. Schulterlinie zeichnen

Jetzt arbeitest du an der Schulter weiter. Ca. 5 cm außen neben Punkt A markiere, z. B. mit einer Stecknadel, einen weiteren Punkt auf der Schulterlinie, Punkt D. Markiere vom Halsausschnitt beginnend eine Linie im Winkel von 20° zur Schulterlinie. Überprüfe den Winkel mit einem Geodreieck. Nun versetzt du Punkt D im rechten Winkel nach unten, bis du auf die Winkellinie stößt. Markiere dir den neuen Punkt, E. Zwischen E und dem Halsausschnitt zeichne eine gerade Linie ein.

5. Ärmelausschnitt zeichnen

In diesem Schritt bereitest du das Ansetzen des Ärmels vor. Addiere 2–8 cm (je nach gewünschter Ärmelweite und Stoffart) zu deinem Oberarmumfang und teile die Summe durch 2. Lege ein langes Lineal zwischen den Punkten E und B an. Von E nach unten miss auf dieser Linie den zuvor errechneten Betrag ab. Du erhältst Punkt F.

6. Seitenlinie anzeichnen

Lege ein Lineal zwischen A und B an, zeichne dann eine senkrechte Linie von B nach oben, bis etwa 2 cm unter Punkt F. Führe die Linie von dort in einer Rundung bis zu

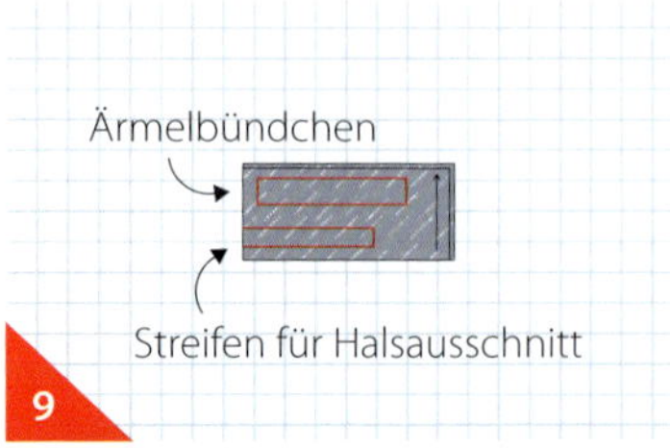

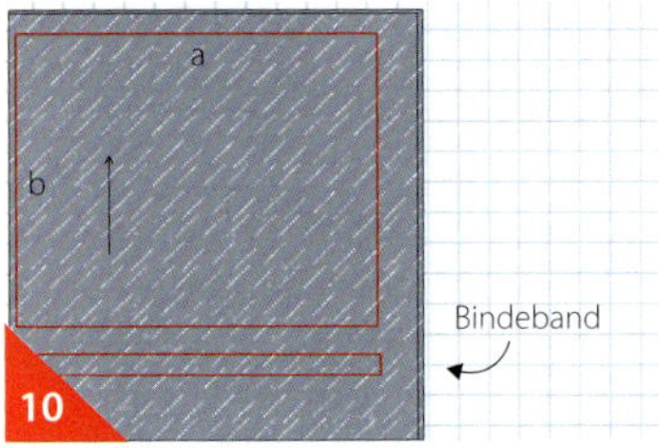

Punkt F. Zeichne von Punkt B nach unten eine leicht gerundete Linie zu Punkt C. (Wenn du ein Oberteil nähen möchtest, das mehr als Hüftlänge hat, kannst du Punkt C im entsprechenden Abstand von der Hüftlinie nach unten verschieben, C1, und die Seitennaht verlängern.)

7. Vorderteil zuschneiden

Konstruiere ein Vorderteil mit überschnittenen Schultern, wie in der Anleitung für den Oberteilgrundschnitt auf Seite 35, Schritt 1–6, beschrieben. Beim Stoffmix-Kleid ist das Oberteil taillenlang. Du kannst die Länge des Oberteils natürlich auch nach deinen eigenen Wünschen anpassen. Wenn du das Kleid so nähen möchtest, wie hier gezeigt, brauchst du bei der Konstruktion die Hüftlinie nicht mitzuzeichnen. Schneide das Vorderteil im Stoffbruch und, außer am Halsausschnitt, mit 1 cm breiten Nahtzugaben zu.

8. Rückenteil zuschneiden

Das bereits erstellte Vorderteil benutzt du als Vorlage für das Rückenteil. Beim Rückenteil schneide jetzt aber den Halsausschnitt weniger tief aus – der Abstand zwischen Schulterlinie und Ausschnitt beträgt etwa 2 cm. Das Rückenteil wird ebenfalls im Stoffbruch und mit Nahtzugaben zugeschnitten. Den Halsausschnitt dagegen brauchst du nicht mit Nahtzugaben zu versehen, da er einfach mit einem Jerseystreifen versäubert wird.

9. Ärmel- und Halsbündchen zuschneiden

Für die Ärmelbündchen schneidest du aus dem doppelt gelegten Stoff zwei Rechtecke aus Jersey oder Bündchenware zu. Die lange Seite ergibt sich aus deinem Oberarmumfang plus Weitenzugabe × 0,8–0,9. Die kurze Seite entspricht der doppelten gewünschten Bündchenhöhe, hier 5 cm. Rechne jeweils Nahtzugaben hinzu. Für den Halsausschnitt brauchst du einen 3,5 cm breiten Jersey- oder Bündchenstreifen. Seine Länge entspricht dem Umfang des Halsausschnitts × 0,85 plus Nahtzugaben.

10. Rockteil zuschneiden

Für das Rockteil brauchst du zwei Rechtecke. Die Seite a entspricht der Länge der Unterkante eines Oberteils × 1,5 oder für ein weites Rockteil × 1,75, plus 2 cm Nahtzugaben. Für die Seite b miss von deiner Taille abwärts vorne in der Mitte deine Rocklänge ab und füge 3 cm für den Saum und 1 cm Nahtzugabe an der Oberkante dazu. Für das Bindeband schneide zwei 4 cm breite Streifen aus dem Webstoff zu, jeweils etwa doppelt so lang wie dein Taillenumfang.

11. Seiten- und Schulternähte schließen

Stecke nun die beiden Oberteile rechts auf rechts aufeinander und nähe anschließend die Schultern und die Seiten zusammen.

13

14

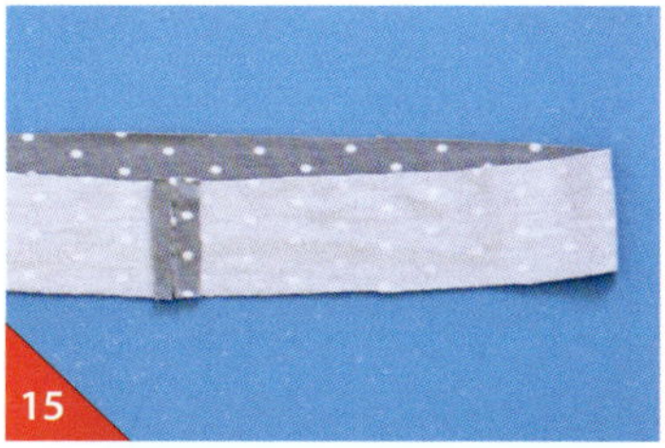

15

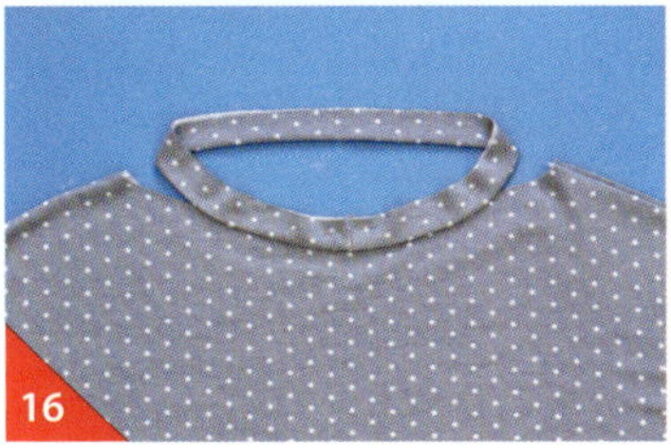

16

17

18

12. Ärmelbündchen zusammennähen

Die Fotos zeigen eine andere Modellvariante mit anderem Stoff. Lege die Armbündchen rechts auf rechts und schließe sie jeweils an den kurzen Seiten zum Ring. Verwende einen dehnbaren Stich. Die Nahtzugaben werden danach auseinandergebügelt. Dieser Ring wird dann links auf links zur Hälfte gefaltet, sodass die Längskanten aufeinanderliegen. Unterteile sowohl das Bündchen als auch die offene Kante des Shirts in vier gleich große Abschnitte. Markiere die Abschnitte mit Stecknadeln. Stecke das Bündchen so fest, dass die offenen Kanten des Rings mit der Ärmelkante des Oberteils zusammentreffen. Bündchen und Oberteil liegen rechts auf rechts. Die Markierungen liegen übereinander, dazwischen wird der Bündchenstoff gedehnt.

13. Ärmelbündchen annähen

Nähe nun den Bündchenring mit einem dehnbaren Stich oder der Overlock-Maschine fest. Dehne ihn dabei ein wenig. Versäubere die Nahtzugaben.

14. Ärmelbündchen nach außen wenden

Anschließend klappe die Nahtzugaben nach innen und wende das Bündchen nach außen. Wende dann das Oberteil auf rechts für den nächsten Schritt.

15. Halsbündchen zusammennähen

Du kannst den Streifen für den Halsausschnitt probehalber gedehnt anstecken, um zu sehen, ob er die richtige Länge hat. Nähe den Streifen dann an den Schmalseiten rechts auf rechts zusammen, sodass ein Ring entsteht. Bügle die Nahtzugaben auseinander, damit das Bündchen an dieser Stelle nicht zu dick wird.

16. Halsbündchen falten

Falte den Ring links auf links zur Hälfte, sodass die Längskanten aufeinanderliegen. Unterteile auch hier Halsbündchen und Halsausschnitt mit Stecknadelmarkierungen in jeweils vier gleich große Abschnitte, wie in Schritt 12 beschrieben.

17. Halsbündchen feststecken

Danach steckst du das Halsbündchen rechts auf rechts rundherum am Halsausschnitt fest. Das Bündchen muss dabei zwischen den Markierungsnadeln gleichmäßig gedehnt werden.

18. Halsbündchen annähen

Nähe den Ring mit einem elastischen Stich bzw. mit der Overlock an. Versäubere die Nahtzugaben, klappe das Bündchen nach außen und bügle die Nahtzugaben nach innen.

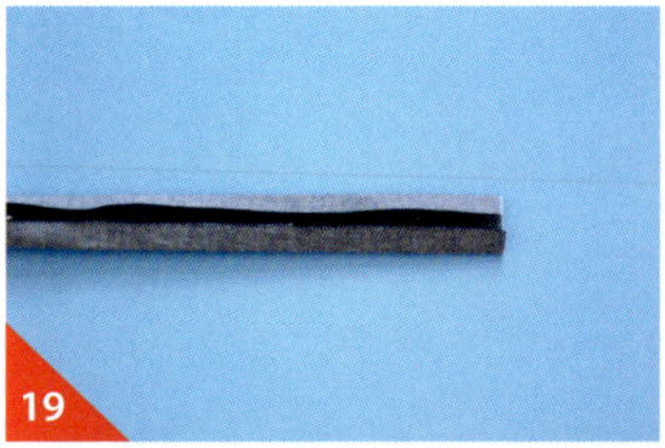

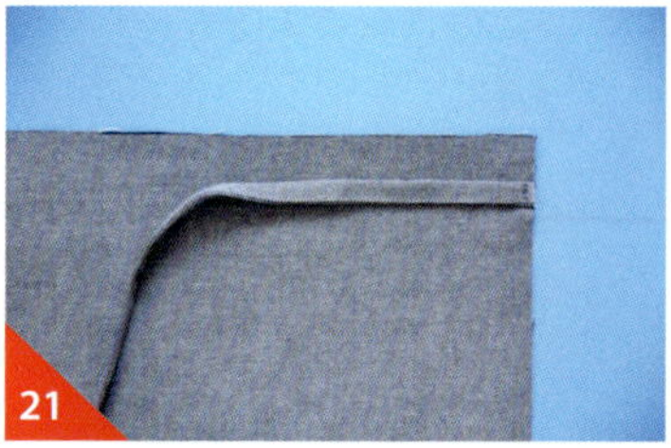

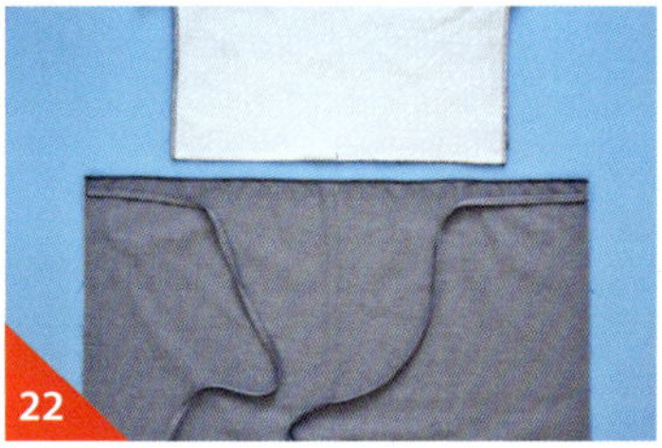

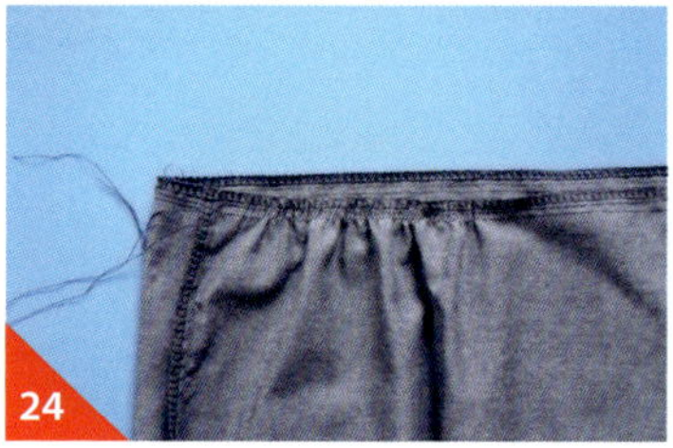

19. Bindebänder vorbereiten

Jetzt werden die Bindebänder vorbereitet. Bügle dafür die Stoffstreifen der Länge nach zur Hälfte, sodass sie nur noch halb so hoch sind. Klappe dann die Stoffstreifen wieder auf und bügle die Längsseiten nach innen bis zur eingebügelten Mittellinie.

20. Bindebänder nähen

Falte nun die Bindebänder noch einmal der Länge nach zusammen. Alle offenen Kanten sollen dadurch im Inneren des Bands verschwinden, der Stoff liegt 4-fach. Bügle beide Bänder noch einmal. Nähe die Bänder dann längs entlang der beiden eingeschlagenen Kanten zusammen. An je einem Ende der beiden Bänder schlage jeweils ein paar Millimeter ein und nähe die Kanten von außen fest.

21. Bindebänder annähen

Stecke die beiden Bänder mit dem offenen Ende etwa 2 cm unter der Oberkante an den Seitenkanten eines Rockteils fest. Nähe die Bindebänder mit einigen Stichen auf der Nahtzugabe fest. Die Bindebänder liegen beim Festnähen im Inneren des Rechtecks, die jeweiligen offenen Enden der Bänder zeigen nach außen und schließen mit der Kante des Rockteils ab. Wenn du die Seiten des Rocks schließt, werden die Bindebänder dann in der Naht mitgefasst.

22. Kanten versäubern und Mitte markieren

Wenn du für das Rockteil Webstoff verwendest, versäubere nun die Oberkanten beider Rechtecke und markiere jeweils die Mitte (vordere und hintere Mitte). Ist auch das Rockteil des Kleids aus Jersey, ist das Versäubern nicht unbedingt notwendig. Markiere auch noch am Oberteil des Kleids an der Unterkante jeweils vorne und hinten die Mitte.

23. Rockteil zusammennähen

Als Nächstes werden dann die Rechtecke für das Rockteil rechts auf rechts aufeinandergesteckt und an den Seiten zusammengenäht. Versäubere die Nahtzugaben danach zusammengefasst mit einem Zickzackstich oder schließe die Nähte gleich mit der Overlock.

24. Rockteil einkräuseln

Um die Oberkante des Rockteils auf dieselbe Breite wie das Oberteil zu bringen, wird der Stoff eingekräuselt. Dafür stelle eine möglichst große Stichlänge (4 mm oder mehr) ein und nähe entlang der Oberkante mit Geradstich zwei Nähte mit ca. 0,5 cm und 1,5 cm Abstand zur Kante. Die Fadenenden werden nicht gesichert und mindestens 20 cm lang hängen gelassen. Ziehe nun vorsichtig an den losen Fadenenden der Unter- oder Oberfäden, bis das Rockteil die Breite des Oberteils hat.

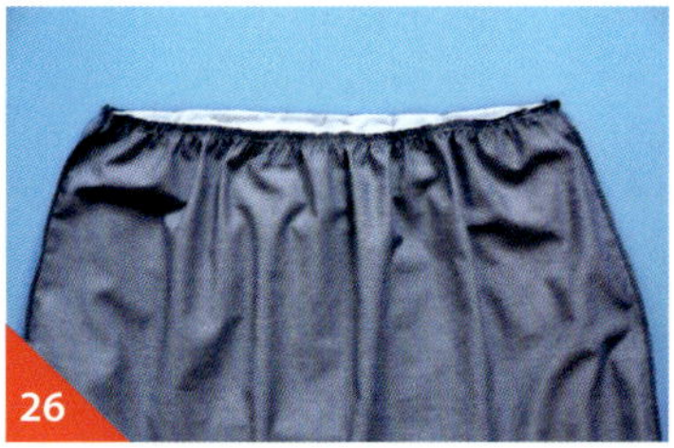

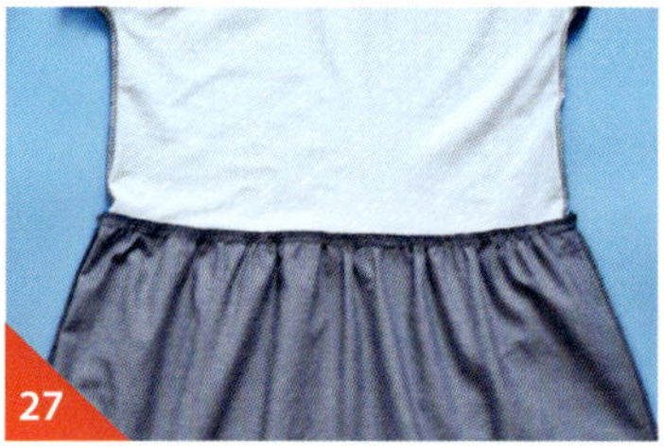

25. Rock und Oberteil ineinanderschieben

Jetzt schiebst du das Oberteil so in das Rockteil, dass die Unterkante des Oberteils und die Oberkante des Rockteils aufeinandertreffen. Ober- und Rockteil liegen dabei rechts auf rechts aufeinander.

26. Rock und Oberteil zusammennähen

Stecke jetzt Ober- und Rockteil zuerst an den Seitennähten und dann an der in Schritt 22 markierten vorderen und hinteren Mitte zusammen. Danach verteile durch Verschieben bzw. Ziehen an den Kräuselfäden die Kräuselung zwischen diesen Punkten gleichmäßig. Nähe Ober- und Rockteil rundherum fest.

27. Kräuselfäden entfernen

Ziehe die Kräuselfäden vorsichtig wieder aus dem Stoff. Das ist wichtig, wenn sie auf der Vorderseite des Kleids zu sehen sind. Jetzt kannst du das Oberteil wieder aus dem Rock ziehen. Zuletzt werden die Nahtzugaben versäubert und nach oben, zum Oberteil hin, gebügelt.

28. Saum nähen

Zur Fertigstellung muss das Kleid noch gesäumt werden. Bügle dafür die Unterkante erst 1 cm und dann noch einmal 2 cm zur linken Stoffseite hin um und nähe den Saum knappkantig fest.

VARIANTEN

Wenn du ein Kleid ganz aus Webstoff nähen möchtest, schneide das Oberteil etwas weiter zu. Zusätzlich kannst du am Oberteil auch eine Knopfleiste einfügen – auf der Vorder- oder Rückseite.

Aus den Rechtecken für das Rockteil kannst du auch einen Rock nähen. Nähe an der Oberkante einen Tunnel und ziehe ein Gummiband ein oder nähe ein elastisches Bündchen an die eingekräuselte Oberkante.

FALTENROCK

MATERIAL

- Stoffempfehlung: dehnbare Stoffe wie Jersey oder leichter Sweat; ca. 2× die Rocklänge + 30 cm für Naht- und Saumzugaben und den Bund
- Knöpfe in der gewünschten Anzahl und Größe
- evtl. 20–30 cm Bündchenware für den Bund – wenn du keine farblich passende findest, kannst du den Bund auch aus dem dehnbaren Hauptstoff des Rocks nähen
- Gummiband in Bundweite (optional)

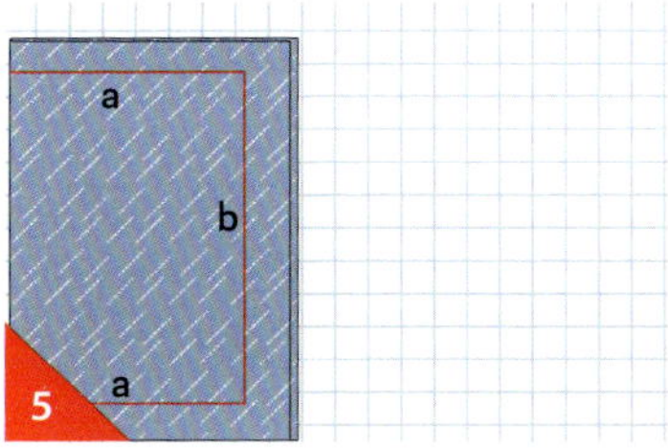

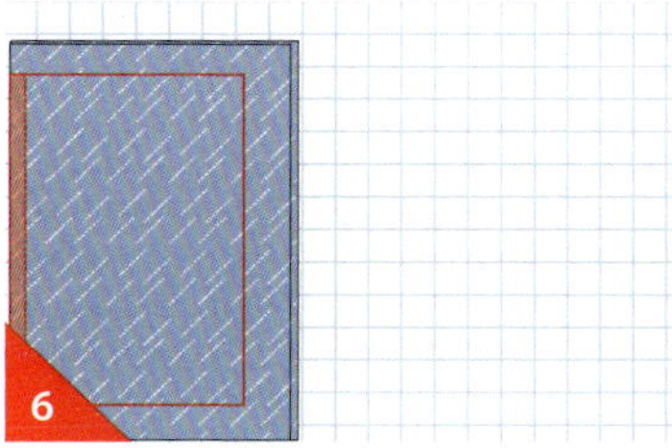

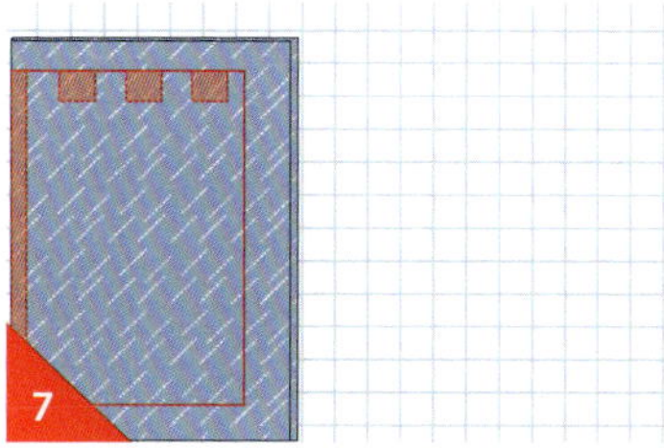

♥ LOS GEHT'S

1. Hüftumfang messen

Für einen auf der Hüfte sitzenden Rock ermittle deinen Hüftumfang, du kannst noch 1–2 cm Bequemlichkeitszugabe hinzufügen. Notiere dir diesen Betrag („Umfang").

2. Saumweite ermitteln

Als Nächstes brauchst du die ungefähre fertige Saumweite des Rocks. Du kannst zur Orientierung die Saumweite – also den Umfang der Unterkante – eines Rocks aus deinem Kleiderschrank abmessen.

3. Falten berechnen

Ziehe nun den oben ermittelten Umfang von der Saumweite ab, du erhältst den gesamten Falteninhalt für den Rock. Dieser gesamte Falteninhalt wird auf mehrere Falten gleichmäßig aufgeteilt. Du kannst den Betrag etwas auf- oder abrunden, damit er sich leichter teilen lässt. Überlege dabei, wie viele Falten du nähen möchtest – viele kleine oder wenige tiefere. Teile den gesamten Falteninhalt durch die gewünschte Anzahl der Falten und du erhältst die Faltentiefe.

4. Knopfleiste

Wenn du deinen Rock auch mit Knopfleiste nähen möchtest, achte darauf, dass sich für das Vorderteil des Rocks eine ungerade Zahl an Falten ergibt. Außerdem bestimmt die Faltentiefe die Breite der Knopfleiste und sollte deshalb nicht zu klein sein.

5. Vorderteil aufzeichnen

Du brauchst zwei identische Rechtecke für das vordere und hintere Rockteil. Zunächst wird das halbe Vorderteil aufgezeichnet. Falte dazu eine Webkante des Stoffs um etwas mehr als ein Viertel der Saumweite rechts auf rechts zur Stoffmitte. Zeichne danach eine Linie im rechten Winkel zum Stoffbruch ein (Seite a). Ihre Länge entspricht einem Viertel der Saumweite. Am Ende von Linie a ziehe rechtwinklig eine Linie in der gewünschten Rocklänge + Saumzugabe (Seite b) und zeichne im Anschluss das Rechteck fertig.

6. Mittlere Falte/Knopfleiste einzeichnen

Der Stoffbruch kennzeichnet hier die vordere Mitte des Rocks. Im Abstand der halben Faltentiefe markiere eine Linie parallel zum Stoffbruch. Hier wird später die falsche Knopfleiste genäht. Auf dem Bild oben ist zur besseren Übersicht die ganze Faltenfläche eingefärbt.

7. Falten markieren

Berechne zuerst den Abstand zwischen den Falten. Teile dafür ein Viertel des (Hüft-) Umfangs durch die Anzahl der Zwischenräume. Beachte, dass an den Seitennähten jeweils zwei halbe Zwischenräume aufeinandertreffen. Du hast also am halben Vorderteil 3,5 Zwischenräume. Markiere alle Falten und Zwischenräume auf deinem Stoff mit 3–5 cm langen Linien. Beginne an der Seitennaht mit einem halben Zwischenraum.

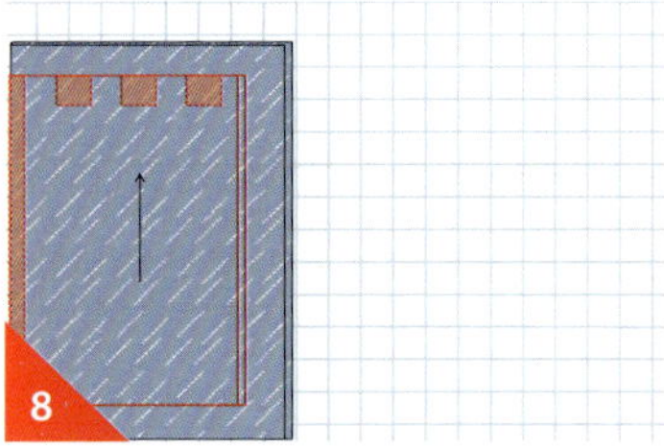

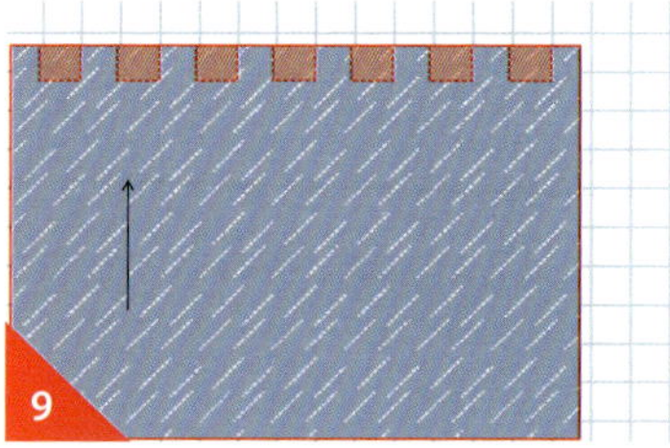

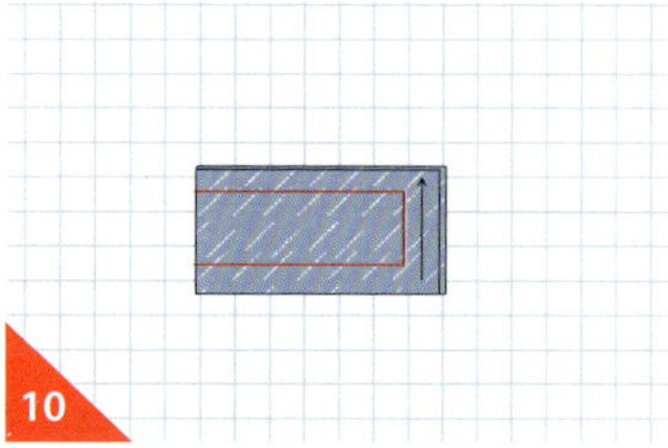

8. **Vorderteil zuschneiden**

Schneide das Vorderteil im Stoffbruch zu, vergiss dabei nicht, an den Seiten Nahtzugaben hinzuzufügen. Übertrage die Markierungen für die Falten auch auf die andere Hälfte des Vorderteils. Dazu kannst du an den Endpunkten der Falten mit der Schere kleine (2–3 mm) Knipse in den Stoff schneiden. So kannst du die Markierungen von beiden Seiten gut sehen.

9. **Rückteil zuschneiden**

Jetzt zeichnest du das hintere Rockteil auf. Schneide hierfür ein zweites Rechteck mit denselben Maßen und Markierungen zu. Anstelle der Knopfleiste markiere an der hinteren Mitte eine Falte. Im Bild siehst du das ganze, aufgeklappte Schnittteil mit allen markierten Falten.

10. **Rockbund zuschneiden**

Zeichne für den Bund ein Rechteck in der doppelten Höhe des fertigen Bunds plus Nahtzugaben. Die Länge des Rechtecks entspricht der Oberkante des Rocks (Umfang) bei geschlossenen Falten, multipliziert mit 0,75 + Nahtzugaben. Wenn du den Bund im Stoffbruch zuschneidest, zeichne ihn halb so breit auf den zusammengelegten Stoff. Schneide den Bund aus dem dehnbaren Stoff des Rocks oder aus Bündchenware zu.

11. **Knopfleiste nähen**

Als Erstes wird die Knopfleiste genäht. Lege dafür das Vorderteil links auf links zusammen. Nähe die beiden Stofflagen parallel zum Stoffbruch im Abstand der halben Faltentiefe zusammen. Es entsteht eine Art Tunnel.

12. **Knopfleiste absteppen**

Diesen Tunnel bügelst du nun gleichmäßig flach, sodass die Faltenmitte genau über der Naht liegt. Steppe die Tunnelseiten knappkantig über die gesamte Länge am Rockvorderteil fest.

13. **Kellerfalte nähen**

Jetzt wird die erste Kellerfalte genäht. Dazu faltest du den Stoff rechts auf rechts jeweils so zusammen, dass die Markierungslinien für eine der Falten aufeinandertreffen. Nähe den Stoff bis zum Ende der eingezeichneten Linien bzw. 3–5 cm weit zusammen. Achte darauf, alle folgenden Falten gleich weit abzunähen. Es entsteht wieder ein „Tunnel", diesmal auf der Innenseite des Rocks.

14. **Kellerfalte bügeln und sichern**

Bügle den Tunnel wieder gleichmäßig auseinander – die Faltenmitte sollte unter der Naht liegen. Jetzt nähst du auf der rechten Stoffseite am Ende der Faltennaht einen

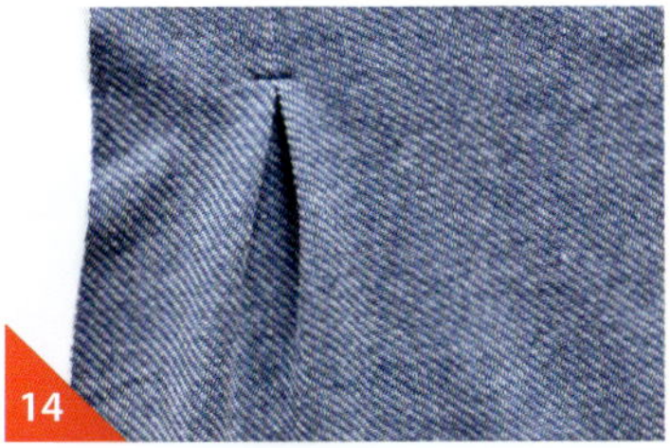

kleinen Riegel, der die Naht am Ausreißen hindert und gleichzeitig die Falte fixiert. Für den Riegel nähe ein paar Stiche hin und zurück, quer zur Falte.

15. **Übrige Kellerfalten nähen**

Nähe auf diese Weise alle Falten am Vorderteil: Stoff rechts auf rechts falten, Stoff bis zum Ende der eingezeichneten Linien bzw. in gleichbleibender Länge zusammennähen, Tunnel auseinanderbügeln, bei jeder Falte einen kleinen Riegel von der rechten Seite nähen.

16. **Falten ins hintere Rockteil nähen**

Jetzt sind die Falten am hinteren Rockteil an der Reihe, sie werden ebenso genäht wie beim Rockvorderteil. Anstelle der Knopfleiste wird an der hinteren Mitte auch eine Kellerfalte genäht.

17. **Vorder- und Rückteil zusammennähen**

Vorder- und Rückteil werden nun rechts auf rechts zusammengenäht. Schließe und versäubere die Seitennähte und bügle sie danach zum hinteren Rockteil hin.

18. **Bund annähen**

Jetzt wird der Bund gedehnt an die Oberkante des Rocks genäht. Folge dabei dem Prinzip, das ab Seite 37 unter Schritt 12–14 für die Ärmelbündchen beschrieben wird. Ziehe eventuell zusätzlich noch ein Gummiband ein, damit das Bündchen besser sitzt. Du kannst das Gummiband mit ein paar Stichen in der Seitennaht sichern, damit es nicht herumrutscht.

19. **Saum nähen**

Versäubere die Unterkante des Rocks und bügle den Saum nach links um. Steppe den Saum anschließend von rechts ab. Zum Schluss nähe die Knöpfe in regelmäßigen Abständen mittig auf die Knopfleiste. Das kannst du gut mit der Hand machen, es funktioniert aber auch mit der Nähmaschine – lies dafür in der Gebrauchsanweisung deiner Maschine nach. Viele Nähmaschinen haben hierfür einen Knopfannähfuß im Zubehör.

ROCK MIT REISSVERSCHLUSS

maß-
geschneidert

MATERIAL

- Stoffempfehlung: dehnbare Stoffe wie Jersey oder leichter Sweat; bis 140 cm Saumweite:
  1 × die Rocklänge + 20 cm für Naht-, Saumzugaben und den Bund
- Knöpfe in der gewünschten Anzahl und Größe
- 22 cm nahtverdeckter Reißverschluss
- evtl. einen Nähfuß für nahtverdeckte Reißverschlüsse
- Bügeleinlage zum Verstärken des Bundstreifens

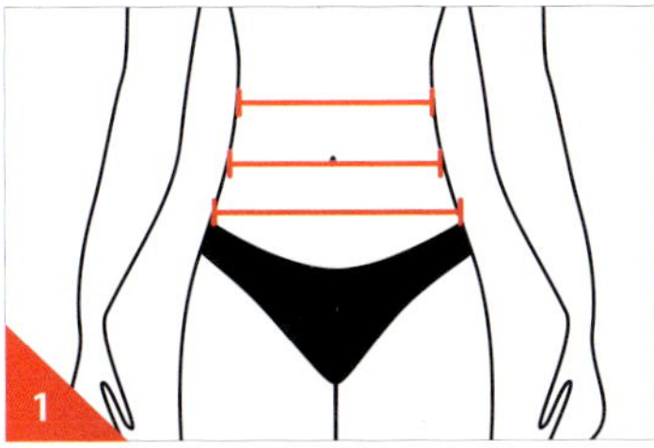

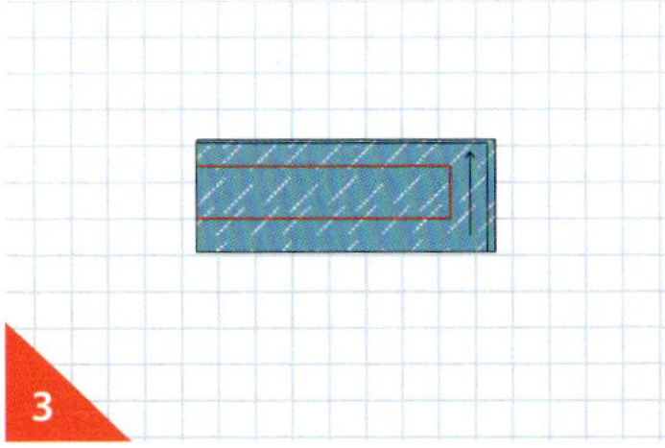

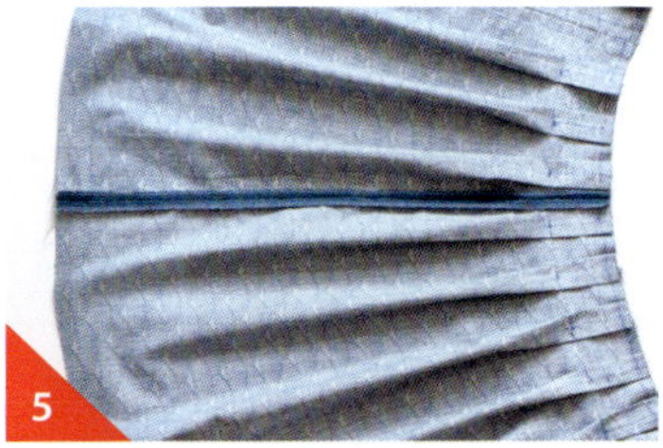

♥ LOS GEHT'S

1. Bundweite ermitteln

Der Rock im Beispiel hier sitzt etwa auf Taillenhöhe, du könntest auch einen Rock nähen, der auf Bauchnabel oder Hüfthöhe sitzt. Ermittle deinen Körperumfang an der gewünschten Stelle und füge ca. 2 cm Bequemlichkeitszugabe hinzu.

2. Rockteile zuschneiden

Folge zunächst der Anleitung zum Zuschneiden des vorderen und hinteren Rockteils in den Schritten 2–9 ab Seite 41. Achte dabei darauf, in Schritt 3 den gesamten Falteninhalt groß genug zu wählen, sodass der Rock auch bequem über deine Hüften passt.

3. Bund zuschneiden

Schneide anstelle des Bunds einen Bundstreifen aus Webstoff zu. Dieser ist doppelt so hoch wie der gewünschte fertige Bund und so lang wie die gesamte Rockoberkante bei geschlossenen Falten. Am besten sitzt der Rock, wenn der fertige Bundstreifen eher schmal, also nicht höher als 3 cm ist. Du kannst den Bundstreifen im Stoffbruch zuschneiden und nur halb so breit aufzeichnen. Die Nahtzugaben füge gleich hinzu.

4. Falten und Knopfleiste nähen

Folge hierzu den Schritten 11–16 ab Seite 42.

5. Erste Seitennaht schließen

Versäubere die Seitenkanten des Rocks. Überlege, ob du den Reißverschluss an der rechten oder der linken Seite einnähen möchtest. Dort, wo du später keinen Reißverschluss sitzen hast, nähe vorderes und hinteres Rockteil an den Seiten schon einmal rechts auf rechts zusammen. Die Nahtzugaben werden danach auseinandergebügelt.

6. Bundstreifen vorbereiten

Den Bund solltest du zur Hälfte mit Einlage verstärken, damit er in Form bleibt. Bügle dafür einen halb so hohen Vlieselinestreifen (du schneidest ihn ohne Nahtzugaben zu) auf die linke Stoffseite des Bundstreifens. Versäubere anschließend die kurzen Seiten des Bundstreifens.

7. Bund feststecken

Als Nächstes wird der Bundstreifen rechts auf rechts an die Rockoberkante gesteckt. Die mit Einlage verstärkte Hälfte liegt dabei oben an der Rockkante. Die Kanten von Bundstreifen und Rock schließen miteinander ab.

8. Bund annähen

Nähe den Bundstreifen fest und klappe ihn dann nach oben. Die untere Nahtzugabe wird ebenfalls nach oben gebügelt. An der Oberkante des Bundstreifens bügle die Nahtzugabe nach innen, zur linken Stoffseite hin.

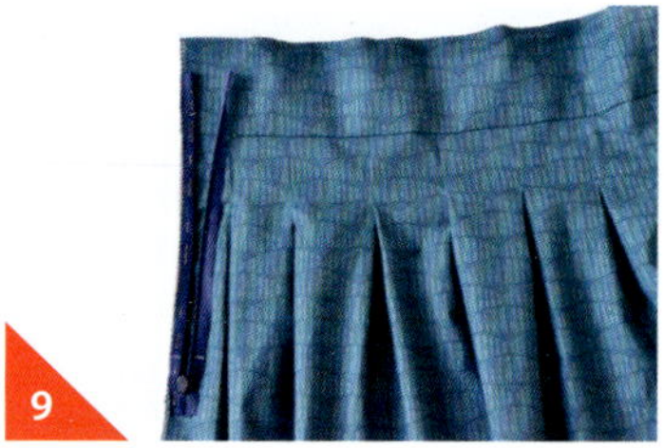

9. Reißverschluss – Schritt 1

Hier wird ein nahtverdeckter Reißverschluss eingenäht, der beim fertigen Rock von außen nicht sichtbar ist. Stecke den Reißverschluss rechts auf rechts – also so, dass der Schieber und der Schiebergriff zum Stoff zeigen – an die Seitenkante des Rocks. Der Zipper liegt oben genau unterhalb der oberen Einlagekante, also in der Mitte vom Bund, das Bandende oberhalb der Zähnchen steht zur oberen Hälfte des Bundstreifens hin über. Zeichne dir ca. 4 cm vor dem unteren Ende des Reißverschlusses eine Markierung ein. Nähe den Reißverschluss dann bis zu dieser Stelle fest. Nähe dabei möglichst dicht an den Zähnchen. Die Zähnchen sind bei diesen Reißverschlüssen etwas eingerollt. Drücke die Zähnchen beim Annähen flach. Wenn du genau hinsiehst, erkennst du eine schmale Rille neben den Zähnchen. Versuche, in dieser Rille zu nähen. Das geht mit einem speziellen Reißverschluss-Nähfuß leichter, funktioniert mit etwas Übung aber auch mit dem normalen Reißverschlussfuß.

10. Reißverschluss – Schritt 2

Die zweite Hälfte des Reißverschlusses steckst du nun rechts auf rechts an die andere Rockkante. Achte darauf, dass der Reißverschluss an beiden Seiten auf derselben Höhe beginnt und endet. Nähe den Reißverschluss auch auf dieser Seite möglichst nah an den Zähnchen und bis zur Markierung fest. Sichere dann das Reißverschlussende auf der Vorderseite mit einer kleinen Quernaht, damit der Reißverschluss nicht ausreißen kann.

11. Zweite Seitennaht schließen

Jetzt kannst du auch die Seitennaht unterhalb des Reißverschlusses rechts auf rechts schließen.

12. Nahtzugaben auseinanderbügeln

Die Nahtzugaben der Seitennaht werden anschließend auseinandergebügelt.

13. Bund fertigstellen

Der Bundstreifen wird nun nach innen geklappt und festgesteckt. Schlage die seitlichen Nahtzugaben des Bunds und die oberen Enden der Reißverschlussbänder ebenfalls nach innen ein, sodass die Bandenden im Bundinneren verschwinden. Der Reißverschluss liegt zwischen Vorder- und Rückseite des Bundstreifens. Steppe den Bundstreifen rundherum knappkantig fest.

14. Saum und Knöpfe annähen

Versäubere die untere Rockkante, bügle sie in Saumbreite nach innen um und steppe den Saum von außen ab. Nähe zum Schluss die gewünschte Anzahl an Knöpfen in gleichmäßigen Abständen auf die Knopfleiste.

ASYMMETRISCHER WICKELROCK

maß-
geschneidert

MATERIAL

- Stoffempfehlung für den Rock: Baumwollwebstoffe, Leinen, Jersey; bei einer Rocklänge von 65 cm je nach Größe zwischen 260–280 cm, 140 cm breit

Je fester der Stoff ist, desto mehr Stand hat der fertige Rock. Der gezeigte Rock ist aus relativ festem Leinen genäht.

- ca. 20 cm Baumwolldruckstoff für die Innenseite des Bindebands, 140 cm breit
- vorgefalztes Schrägband in Saumweite, ca. 4 m bei einer Rocklänge von 65 cm

TIPP

Um einen regelmäßigen Kreis zu zeichnen, kannst du eine Schnur an einem Ende an eine Stecknadel, am anderen Ende an einen Markierstift knoten; der Abstand zwischen den Knoten entspricht dem Radius. Befestige die Stecknadel am Mittelpunkt des Kreises und zeichne dann, bei gespannter Schnur, die Kreislinie. Das geht leichter, wenn du die Stecknadel dabei festhältst.

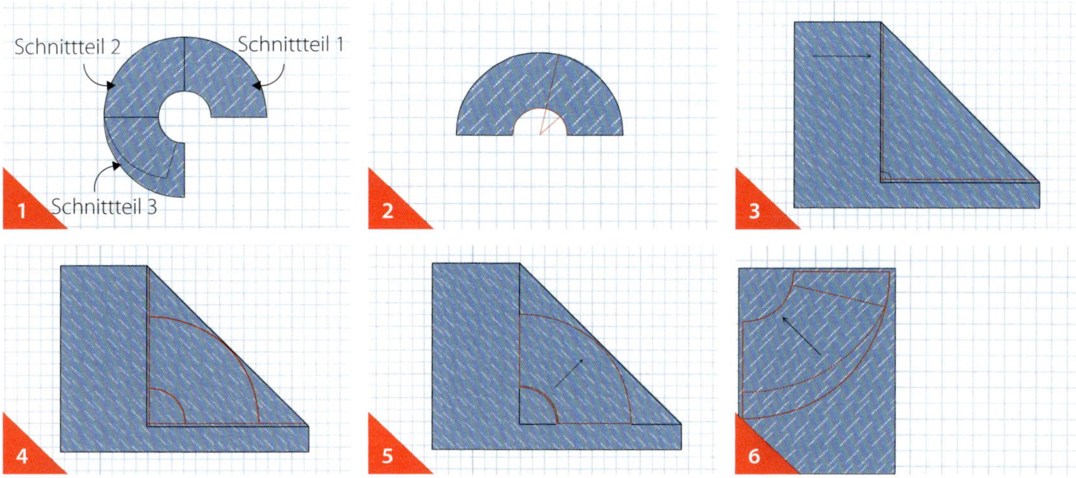

♥ LOS GEHT'S

1. Übersicht

Der Wickelrock besteht aus drei aneinandergesetzten Viertelkreisen. Der dritte Viertelkreis dient dabei zur Überlappung. Hier ist er am Saum zusätzlich abgeschrägt, wodurch der asymmetrische Look entsteht.

2. Kreis berechnen

Überlege, wo der fertige Rock sitzen soll, z. B. auf Taillenhöhe, und miss den Umfang der entsprechenden Körperstelle. Dieser Betrag entspricht dem Umfang des inneren Halbkreises im Bild. Um den Halbkreis zu zeichnen, brauchst du dessen Radius. Rechne dafür Radius des Halbkreises (r) = U/π. Verwende für π 3,14159. Für den Radius des Außenkreises (r2) addiere die gewünschte Rocklänge zu r. Wenn später das Schrägband am Saum nur innen zu sehen sein soll, rechne noch 1 cm Nahtzugabe zur Rocklänge.

3. Stoff falten

Falte dann deinen rechteckigen oder quadratischen Stoff zunächst rechts auf rechts so zusammen, dass die Bruchkante im Winkel von 45 ° zur Webkante (und also auch zum Fadenlauf) liegt. Markiere dir jetzt noch die seitlichen Nahtzugaben (1 cm) auf den nach innen geschlagenen Stoffkanten.

4. Viertelkreise aufzeichnen

Jetzt zeichnest du mit den oben ermittelten Werten (r und r2) je ein Viertel des Innenkreises und des Außenkreises auf den Stoff, siehe Tipp links. Mittelpunkt der Kreise ist dabei die Ecke, an der sich die Linien der Nahtzugaben kreuzen.

5. Viertelkreise zuschneiden

Beim inneren Kreis musst du noch die Nahtzugabe hinzufügen. Überprüfe noch einmal, ob du alles richtig gezeichnet hast. Stimmt alles? Dann kannst du das Schnittteil bei doppelter Stofflage zuschneiden. Du erhältst jetzt zwei Viertelkreise – Schnittteil 1 und Schnittteil 2. Wenn du diese noch einmal zur Hälfte zusammenlegst, kannst du überprüfen, ob die Rundung schön regelmäßig geworden ist. Schneide sie gegebenenfalls zurecht.

6. Schnittteil 3

Einen der Viertelkreise nimmst du als Vorlage für das dritte Schnittteil. Wenn es das Rockvorderteil nicht ganz überlappen soll, kannst du es seitlich verschmälern. Überlege, wie herum du den Rock wickeln willst, und kürze die Außenkante. Für einen asymmetrischen Rock kürze den Radius an der Außenseite um etwa 15–20 cm und zeichne dann eine schräg verlaufende Saumlinie.

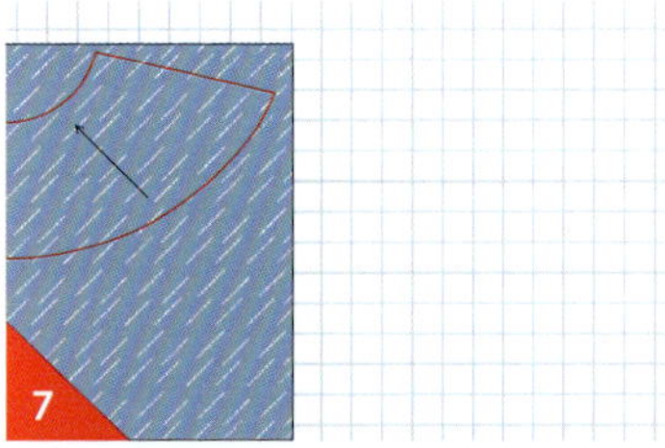
7

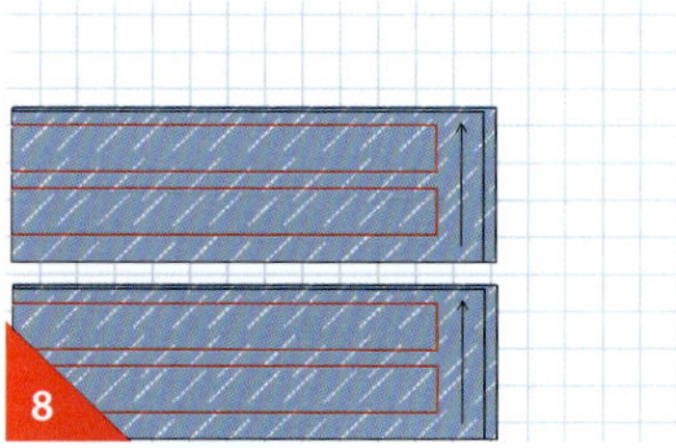
8

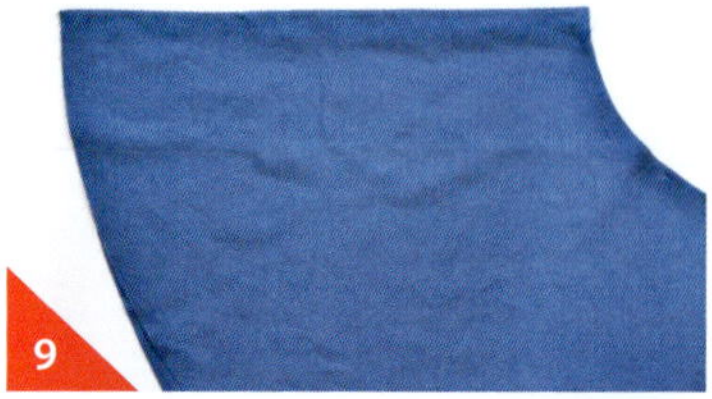
9

10

11

12

7. Schnittteil 3 zuschneiden

Schneide Schnittteil 3 im schrägen Fadenlauf und in einzelner Stofflage zu.

8. Bindeband

Für das Bindeband brauchst du zwei Stoffstreifen, einen aus dem Hauptstoff, einen aus dem Futterstoff. Die Streifen sind nicht höher als 5 cm + 2 × die Breite der Nahtzugabe, im Beispiel hier also 7 cm. Sie sind etwa doppelt so lang wie der innere Dreiviertelkreis des Wickelrocks. Sei hier aber beim Zuschneiden ruhig großzügig, später lässt sich das Bindeband problemlos kürzen. Du kannst die Stoffstreifen auch aus mehreren kürzeren Stücken zusammensetzen.

9. Viertelkreise zusammennähen

Lege die Schnittteile 1 und 2 rechts auf rechts zusammen und nähe sie an einer der Seitenkanten zusammen. Ein Halbkreis entsteht. Die Nahtzugaben werden zusammengefasst versäubert und zu einer Seite gebügelt. Danach nähst du das Schnittteil 3 ebenfalls rechts auf rechts an eine der Seitenkanten des Halbkreises. Du erhältst einen Dreiviertelkreis, wie du ihn auch auf der Übersicht in Schritt 1 sehen kannst.

10. Rocksaum mit Schrägband versäubern

Falte eine Seite des Schrägbands auf und stecke das Band mit dieser Kante rechts auf rechts an den Saum. Nähe das Band genau im Bügelfalz an. Bügle das Band zur linken Seite und steppe die andere, umgebügelte Kante knappkantig fest.

11. Seitenkanten umnähen

Die Seitenkanten des Rocks bügelst du 2 × je 1 cm breit nach innen, zur linken Stoffseite hin. Nähe die eingeschlagenen Kanten knappkantig fest. Achte darauf, die Kanten beim Bügeln und Nähen nicht zu dehnen.

12. Bindeband annähen

Jetzt wird das Bindeband an den Rock genäht. Wenn du es aus mehreren Stücken zugeschnitten hast, nähe die Stücke für das äußere und innere Bindeband jeweils rechts auf rechts zu einem langen Streifen zusammen. Bügle die Nahtzugaben auseinander. Dann wird das äußere Bindeband rechts auf rechts an die Rockoberkante genäht. Dabei stehen die Bindebandenden an den Seitenkanten des Rocks gleichmäßig über. Anschließend wird das Bindeband nach oben geklappt und die Nahtzugaben werden ebenfalls nach oben gebügelt.

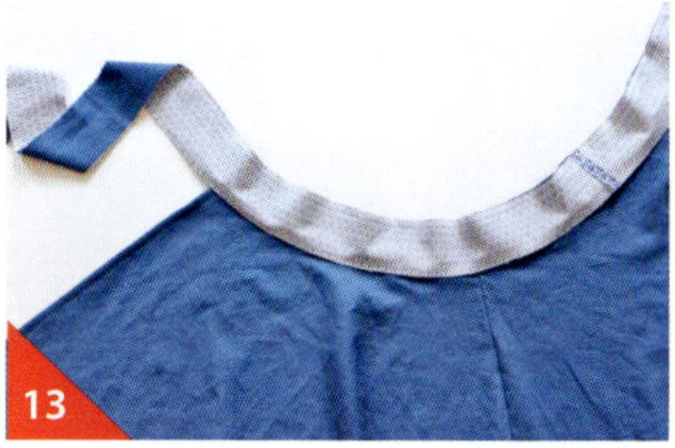
13

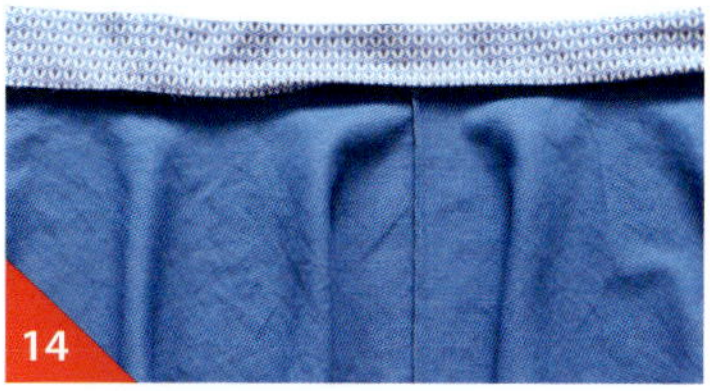
14

15

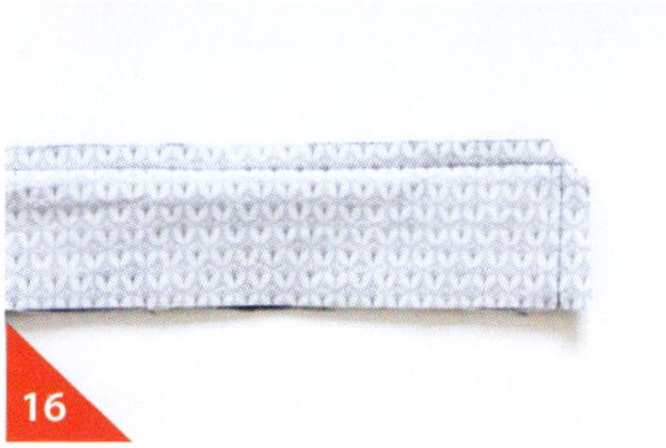
16

17

13. Inneres Bindeband annähen

Nähe nun das innere Bindeband aus dem Druckstoff rechts auf rechts an die obere (also nicht an den Rock genähte) Kante des äußeren Bindebands.

14. Band umbügeln

Klappe das innere Bindeband an der Oberkante um, sodass es mit dem äußeren Bindeband links auf links liegt, und bügle die Kante ordentlich. Die untere Kante des inneren Bindebands bügle 1 cm breit nach innen um.

15. Knopfloch nähen

Oberhalb der Naht zwischen Schnittteil 1 und 2 braucht das Bindeband eine Öffnung. Stecke das innere Bindeband an der Unterkante fest, damit es nicht verrutschen kann. Nähe ein Knopfloch. Dabei lässt du ca. 5 mm Abstand zu den Außenkanten des Bindebands. Entferne danach die Stecknadeln wieder. Mache eine Anprobe und bestimme die genaue Länge der Bindebänder.

16. Enden der Bänder nähen

Nähe die Bindebänder an den kurzen Enden rechts auf rechts zusammen, an der Ecke kannst du die Nahtzugaben abschrägen. Wende dann das Bindeband, sodass die rechten Stoffseiten außen liegen, und bügle die Ecken zurecht. Die offene Unterkante des äußeren Bindebands wird nun ebenfalls 1 cm breit nach innen umgebügelt.

17. Bindeband absteppen

Stecke und nähe nun die Unterkanten des gesamten Bindebands links auf links zusammen und fasse die Rockoberkante mit, sodass keine offenen Kanten oder Nahtzugaben mehr zu sehen sind. Du kannst das Bindeband rundherum schmalkantig absteppen.

VARIANTE

Wenn du nur zwei Viertelkreise zusammennähst, erhältst du einen halben Tellerrock ohne Wicklung. Anstelle eines längeren Bindebands schneidest du Bundstreifen in der Länge der Oberkante des Rocks zu. Zum Öffnen und Schließen des Rocks nähe einen Reißverschluss in eine der Seitennähte ein.

KLEID MIT TUNNELZÜGEN

maß-
geschneidert

MATERIAL

- Stoffempfehlung: leichte, gut fallende Webstoffe, Jersey oder leichter Sweat; bei einer Saumweite (Umfang) bis 135 cm brauchst du 1 × die Kleiderlänge + 10 cm Saum- und Nahtzugaben. Ist deine Saumweite größer, brauchst du 2 × die Kleiderlänge + 15 cm Zugabe.
- Gummiband, 2,5 cm breit (für den Tunnelzug): Länge = Taillenweite
- Gummiband, 1 cm breit (für die Ärmel): Länge = 2 × Oberarmumfang
- ca. 30 × 35 cm leichte Bügeleinlage H180 für die Belege

TIPP

Da Vorder- und Rückenteil des Kleids bis auf den Halsausschnitt gleich geschnitten sind, kannst du das Kleid auch einfach mal umdrehen und den V-Ausschnitt auf dem Rücken tragen.

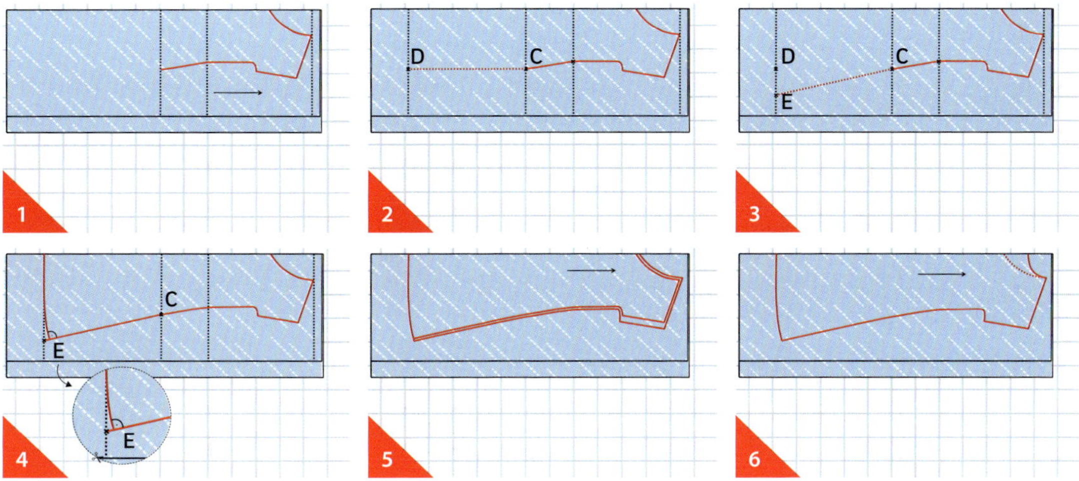

LOS GEHT'S

1. Oberteil aufzeichnen

Lege deinen Stoff rechts auf rechts zusammen und zeichne zunächst ein Oberteil mit überschnittenen Schultern, wie in der Anleitung für den Oberteilgrundschnitt auf Seite 35 beschrieben. Für ein Kleid aus Webware brauchst du Weitenzugaben von mindestens 6 cm, auch für ein Sweatkleid schneide das Kleid eher weiter zu. Die Ärmelweite (Schritt 5 in der Anleitung für das Grundmodell) fällt bei diesem Kleid eher großzügig aus, da die Ärmelsäume gerafft werden. Das Kleid hat einen V-Ausschnitt, hier ist der halbe Ausschnitt etwa 17 cm tief und 11 cm breit. Zeichne keine ganz gerade, sondern eine leicht nach außen geschwungene Linie für das V.

2. Saumlinie einzeichnen

Verlängere nun das Oberteil zum Kleid. Markiere dafür eine Hilfslinie (Saumlinie) auf Höhe der gewünschten Gesamtlänge + Saumzugabe. Verschiebe Punkt C senkrecht nach unten bis zur Saumlinie, du erhältst Punkt D.

3. Saum ausstellen

Wenn du z. B. kein ganz gerade geschnittenes Kleid nähen möchtest, kannst du jetzt den Saum noch etwas ausstellen. Rücke dafür den Punkt D 5–10 cm nach außen und verbinde diesen neuen Punkt, E, mit Punkt C. Auf diese Weise fällt der Rock des Kleids etwas weiter und du erhältst eine schöne A-Linie.

4. Saum abrunden

Runde die Saumlinie zur Seite hin leicht ab, damit der Saum am fertigen Kleid noch schöner aussieht. Achte beim Zeichnen der Linie darauf, dass zwischen der Saumlinie und der seitlichen Linie zwischen C und E ein rechter Winkel entsteht. Du ziehst die Saumlinie also in einem schönen Verlauf nach oben und sie trifft mit einem 90°-Winkel auf die Seitenkante des Kleids.

5. Vorderteil zuschneiden

Schneide das Vorderteil im Stoffbruch zu und füge am Halsausschnitt, den Schultern und den Seiten Nahtzugaben hinzu. Schneide die Ärmelsäume zusätzlich zur Nahtzugabe mit Saumzugaben zu. Deren Breite ergibt sich durch die Breite des Gummibands, das du einziehen möchtest, plus 5 mm. Im Beispiel ist das Gummiband 1 cm breit, für die Ärmelsäume wurden hier also 1,5 cm zusätzlich zur Nahtzugabe hinzugerechnet.

6. Rückenteil zuschneiden

Das Vorderteil verwendest du als Vorlage für das Rückenteil des Kleids. Du kannst hier anstelle des V-Ausschnitts einen Rundhalsausschnitt zeichnen, im Beispiel ist er 7 cm tief. Das Rückenteil des Kleids wird wieder im Stoffbruch zugeschnitten. Am Ausschnitt des Rückenteils musst du noch die Nahtzugaben hinzufügen, überall sonst sind sie bereits enthalten.

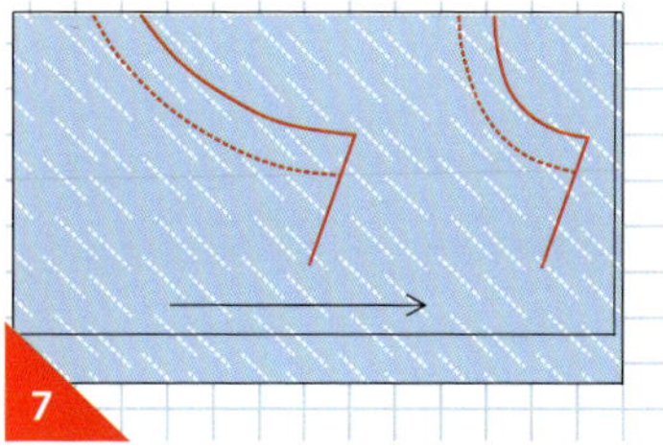

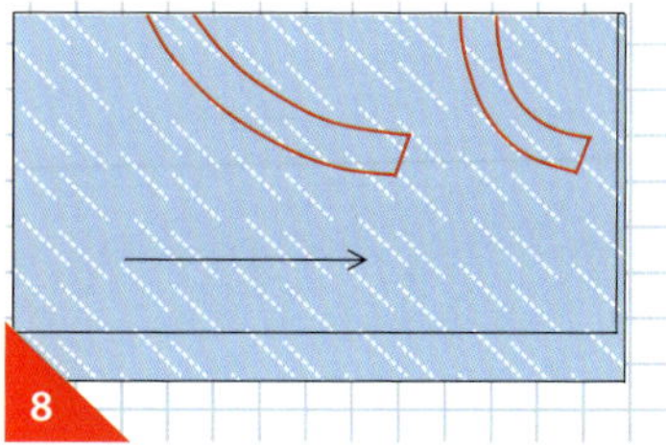

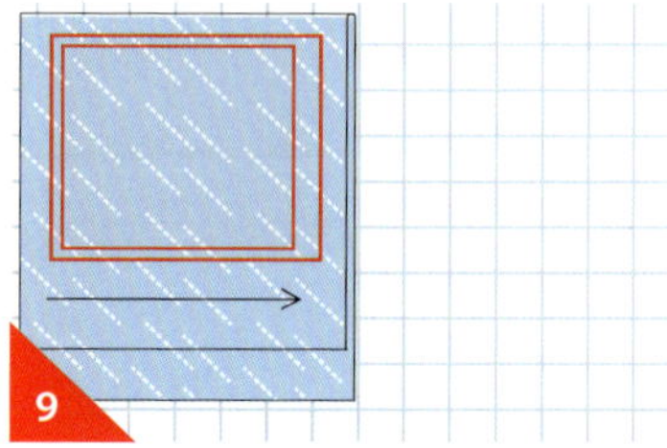

7. Belege aufzeichnen

Der Halsausschnitt wird mit Belegen versäubert. Lege Vorder- und Rückenteil noch im Stoffbruch zusammengefaltet an die Bruchkante des Stoffs, aus dem du die Belege zuschneiden möchtest. Dieser Stoff – du kannst den Kleiderstoff verwenden oder z. B. einen kontrastfarbenen Stoff nehmen – sollte nicht zu dick sein und rechts auf rechts im Stoffbruch gefaltet sein. Für die Belege zeichne jeweils den vorderen und den hinteren Halsausschnitt und 3–4 cm der Schulterlinie ab, danach kannst du Vorder- und Rückenteil wieder entfernen. Zeichne nun in 3–4 cm Entfernung parallel zum vorderen bzw. hinteren Halsausschnitt je eine zweite Linie, die oben an die Schulterlinie trifft.

8. Belege zuschneiden

Schneide die Belege im Stoffbruch zu. Die Nahtzugaben sind in diesen Teilen bereits enthalten.

9. Taschen zuschneiden

Du kannst dein Kleid außerdem mit praktischen Taschen ausstatten. Dafür schneide zwei Rechtecke oder Quadrate mit deinen gewünschten Abmessungen zu. Hier sind die Taschen 15 cm breit und 17 cm hoch. Füge den Taschenschnittteilen Nahtzugaben hinzu, an der Oberkante in der Breite von 2 cm, sonst 1 cm.

10. Einlage für die Belege zuschneiden

Die Belege werden noch einmal – ohne Nahtzugaben, d. h. an Ober- und Schulterkanten je 1 cm kürzer – aus leichter Bügeleinlage zugeschnitten. Bügle die Einlage dann gemäß Herstelleranweisung jeweils auf die linke Stoffseite der Belege.

11. Schulternähte schließen

Schließe zunächst die Schulternähte deines Kleids. Die Nahtzugaben werden zusammengefasst versäubert und danach zum Rückenteil gebügelt.

12. Belege zusammennähen

Als Nächstes werden auch die Belege an den Schultern rechts auf rechts zusammengenäht. Die Nahtzugaben werden ebenfalls versäubert und dann zur Vorderseite gebügelt. Versäubere auch die Außenkanten.

13. Belege annähen

Stecke und nähe die zusammengenähten Belege rechts auf rechts an den Halsausschnitt, die Schulternähte liegen jeweils genau übereinander. Du kannst die Nahtzugaben mehrmals vorsichtig bis knapp an die Naht einschneiden, dann formt sich die Rundung schöner aus. Anschließend werden die Nahtzugaben zusammengefasst versäubert.

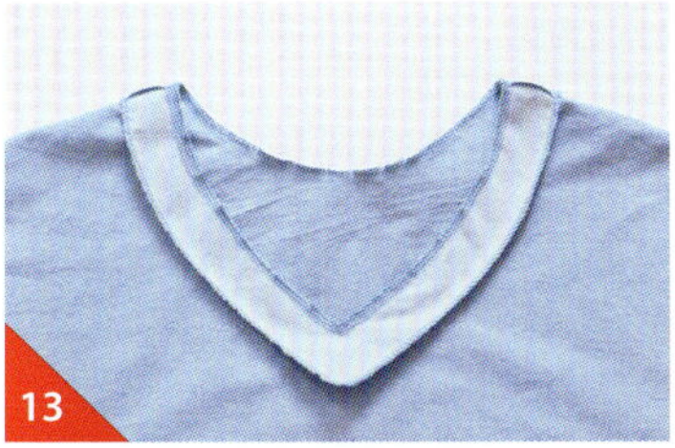

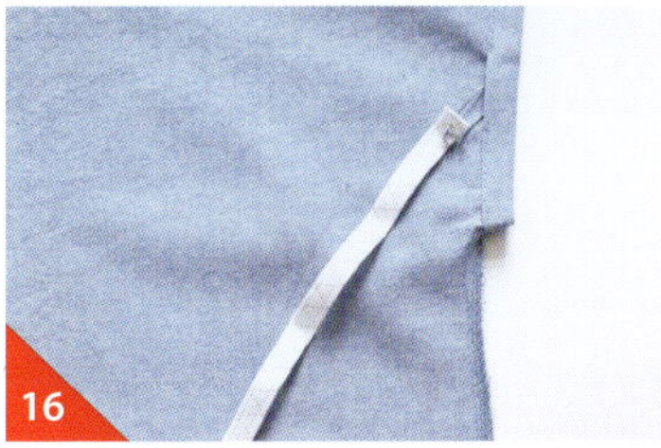

14. Belege wenden

Stülpe die Belege nach innen, bügle die Ausschnittkanten und steppe sie knappkantig ab. Zusätzlich kannst du den Beleg an der Unterkante feststeppen, dann kann er nicht mehr verrutschen.

15. Seitennähte schließen

Als Nächstes steckst du Kleidvorder- und -rückenteil an den Seiten rechts auf rechts zusammen. Schließe die Seitennähte. Du kannst jetzt eine Anprobe machen und prüfen, ob es dir passt. Versäubere dann die Nahtzugaben zusammengefasst.

16. Ärmelsäume nähen

Für die Tunnelzüge an den Ärmelsäumen bügle den Ärmelsaum zuerst in der Breite der Nahtzugabe zur linken Stoffseite, dann bügelst du den Saum noch einmal in der jeweiligen Breite deines Gummibands zuzüglich 5 mm. Hier wird der Saum 1 und 1,5 cm breit umgebügelt. Nähe danach den Ärmelsaum fest, lass dabei aber eine kleine Öffnung von 2–3 cm frei. Durch diese Öffnung ziehe das Gummiband mithilfe einer Sicherheitsnadel ein. Überprüfe mit einer Anprobe die Länge des Gummibands, danach nähe es überlappend zusammen und schließe die Einziehöffnung. Arbeite den zweiten Ärmelsaum auf dieselbe Weise.

17. Höhe des Tunnelzugs festlegen

Ziehe das Kleid an und überlege, auf welcher Höhe du das Kleid mit dem Tunnelzug raffen möchtest – das kann auf Taillenhöhe oder Hüfthöhe sein oder auch unterhalb der Brust. (Natürlich kannst du auf eine Raffung auch ganz verzichten oder das Kleid stattdessen mit einem Gürtel taillieren.) Markiere die gewählte Höhe mit Stecknadeln und ziehe das Kleid wieder aus. Lege es dann, auf links gewendet, flach vor dich hin und zeichne auf der vorher bestimmten Höhe eine Hilfslinie.

18. Tunnelzug markieren

Diese Hilfslinie kennzeichnet die Mitte des Tunnelzugs. Dessen Breite ergibt sich aus der Breite deines Gummibands plus 5 mm. Teile diesen Betrag durch 2 und zeichne im entsprechenden Abstand je eine Linie oberhalb und unterhalb der Hilfslinie. Hier wird 2,5 cm breites Gummiband verwendet, der Tunnel soll also 3 cm breit sein; die Linien oberhalb und unterhalb der Hilfslinie sind jeweils 1,5 cm von dieser entfernt.

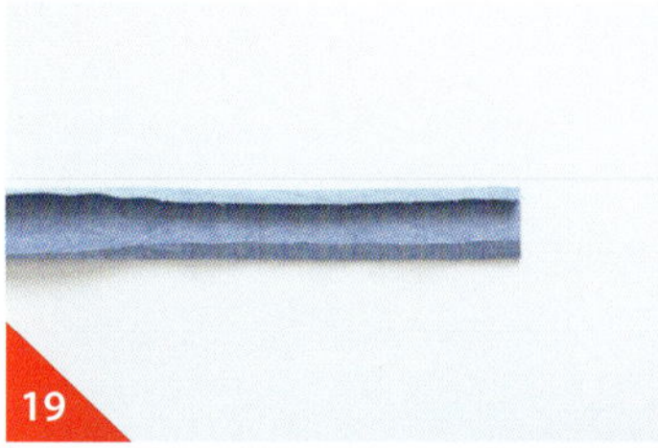

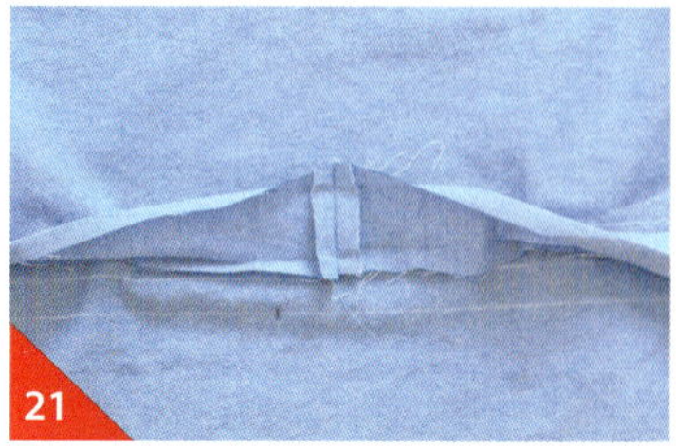

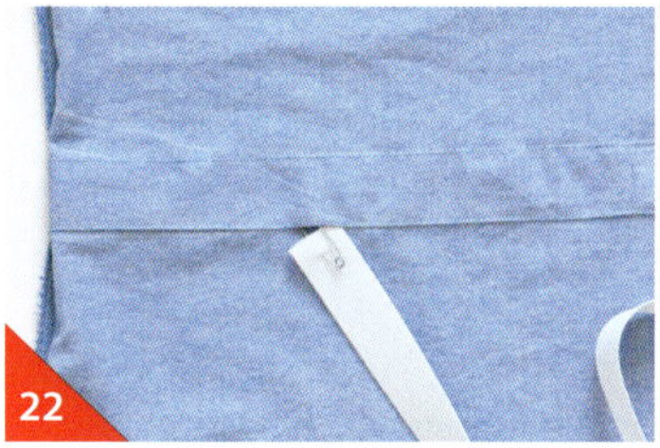

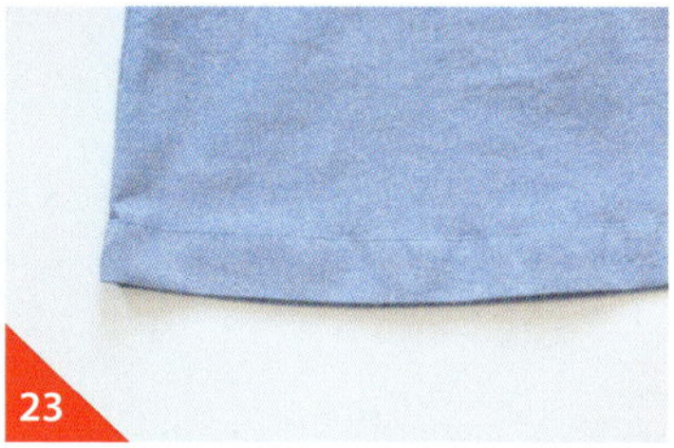

19. Tunnelzug zuschneiden

Schneide nun einen Stoffstreifen für den Tunnel zu. Zur eben ermittelten Breite rechne oben und unten Nahtzugaben hinzu (im Beispiel hier also 3 cm + 1 cm + 1 cm = 5 cm). Miss die Länge des Tunnels am Kleid ab, füge an den kurzen Enden des Stoffstreifens (großzügige) Nahtzugaben hinzu. Bügle die Nahtzugaben an den Längsseiten nach innen, zur linken Stoffseite hin.

20. Tunnelzug feststecken und Länge anpassen

Stecke den Streifen links auf links auf die markierten Linien für den Tunnelzug. Jetzt kannst du überprüfen, ob der Streifen die richtige Länge hat.

21. Tunnelzug zum Ring zusammennähen

Schließe den Streifen jetzt zum Ring, indem du die kurzen Seiten rechts auf rechts aufeinandernähst. Danach bügelst du die Nahtzugaben auseinander.

22. Tunnelzug annähen

Nähe den Tunnel knappkantig an beiden Seiten an, lass dabei eine kleine Öffnung von 3–5 cm frei und ziehe durch diese das Gummiband ein. Probiere das Kleid danach an und bestimme die Länge des Gummibands für einen bequemen Sitz. Danach nähe das Gummi überlappend zusammen und schließe die Einziehöffnung.

23. Saum nähen

Jetzt wird das Kleid gesäumt. Hier habe ich einen recht breiten Saum gewählt, der gut zum schlichten Look des Kleids passt. Bügle die Saumkante erst 1 cm breit und dann in der gewünschten Saumbreite nach links um. Steppe den Saum anschließend knappkantig von links ab.

24. Taschen vorbereiten

Wenn du möchtest, kannst du noch geräumige Taschen aufnähen. Das geht ganz einfach: Versäubere die Taschenrechtecke an den Seiten und an der Unterkante. Bügle die Nahtzugaben nach innen. Bügle nun die Oberkanten der Taschen zweimal je 1 cm nach innen um und steppe die Oberkante knappkantig ab.

25. Taschen aufnähen

Ziehe das Kleid einmal an und überlege, auf welcher Höhe du die Taschen anbringen willst. Nach der Anprobe stecke die Taschen links auf rechts mittig über der Seitennaht auf der gewünschten Höhe fest. Überprüfe nun, ob die Taschen auf derselben Höhe liegen, und nähe sie dann an den Seiten und der Unterkante knappkantig auf dem Kleid fest. Verriegle die Nähte an den Oberkanten gut. Du kannst an den Oberkanten auch kleine Dreiecke oder Rechtecke nähen, die für Stabilität sorgen.

ROCK MIT GUMMIZUG

maß-
geschneidert

MATERIAL

- Oberstoff: Baumwollstoff, 140 cm breit; gewünschte Rocklänge + 15 cm für Saum und Tunnelzug
- Gummiband, 3 cm breit: Länge = Taillenweite + 2 cm Zugabe

SCHNITTERSTELLUNG

Erstelle eine Schnittvorlage für den halben Rock, die dann im Stoffbruch aufgelegt wird. (Oder zeichne das Rechteck direkt auf den Stoff.) Das Rechteck hat folgende Maße:

- **Breite:** Hüftweite (hier 96 cm) + Zugabe von 15–30 cm (hier 20 cm) = 116 cm Rockweite + 4 cm Nahtzugabe = 120 cm durch 2 = 60 cm
- **Höhe:** gewünschte Rocklänge (hier 50 cm) + 4 cm Saum + 4,5 cm Nahtzugabe für den Tunnelzug = 58,5 cm Länge

ZUSCHNITT

- **Aus Oberstoff**
  - 1 × Schnittvorlage für den halben Rock, im Stoffbruch

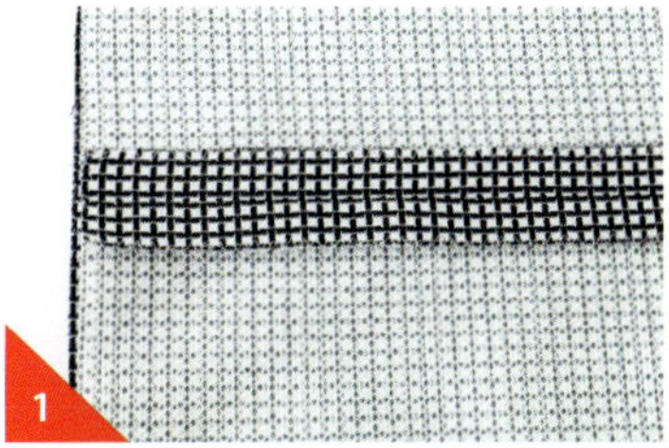

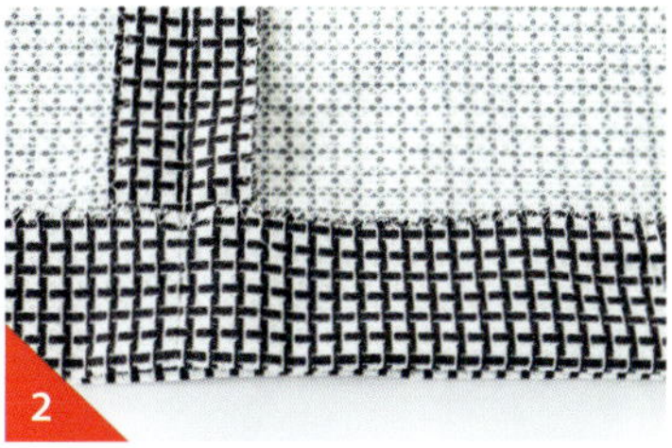

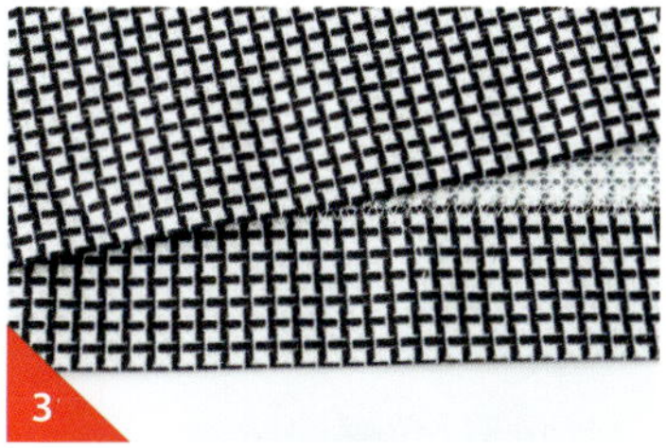

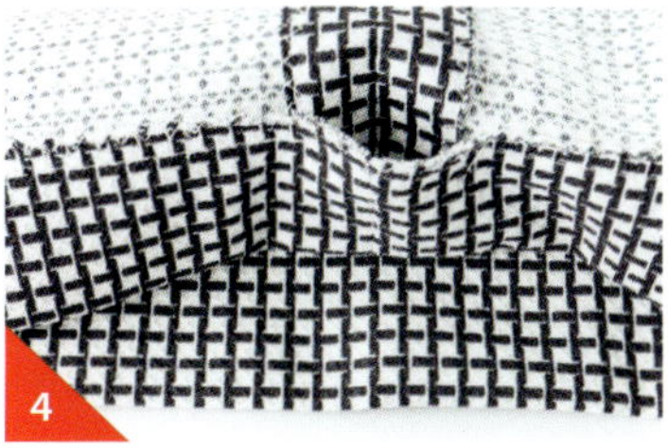

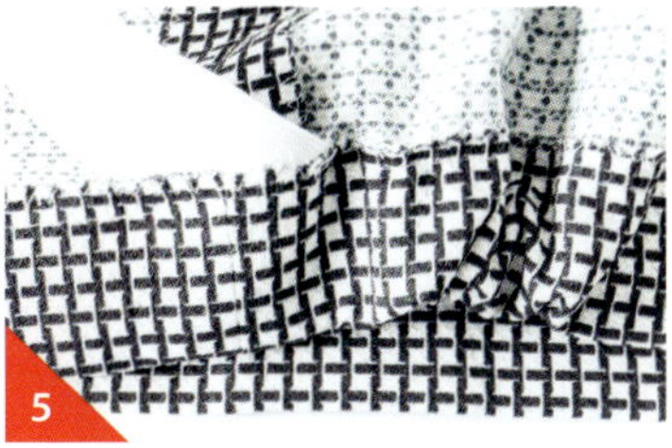

♥ LOS GEHT'S

1. Längsnaht schließen

Nähe die Seitenkanten des Rocks rechts auf rechts und mit einer Nahtbreite von 2 cm zusammen. Bügle die Nahtzugaben auseinander.

2. Kante versäubern und Saum feststecken

Versäubere die Saumkante mit Zickzackstichen oder der Overlock und bügle die Kante 4 cm breit nach links um.

3. Saum festnähen

Steppe den Saum entweder mit der Maschine 3,5 cm breit von rechts ab oder befestige ihn per Hand mit Saumstichen.

4. Tunnelzug nähen

Versäubere die Taillenkante mit Zickzackstichen oder der Overlock. Schlage die Kante für den Tunnelzug 4,5 cm zur linken Seite um und steppe den Umschlag von rechts 3,5 cm breit ab. Am Ende lässt du eine ca. 3 cm breite Öffnung frei. Bügle den Umschlag.

5. Gummiband einziehen

Lege dir das Gummiband um die Taille und bestimme die Weite, die das Gummiband haben soll. Schneide es mit 2 cm Zugabe ab. Ziehe das Gummiband mithilfe einer Sicherheitsnadel in den Tunnel.

6. Gummiband sichern

Lege die Gummibandenden 2 cm breit übereinander und nähe sie mit Zickzackstichen fest aufeinander. Achte dabei darauf, dass das Gummiband nicht verdreht ist.

7. Rock fertigstellen

Schließe die Öffnung mit Handstichen und verteile die Fältchen gleichmäßig.

TELLERROCK MIT GUMMIZUG

maß-geschneidert

MATERIAL

- 3,4–4,2 m Baumwoll- oder Viskosestoff, 140 cm breit (berechne den Radius für den Rocksaum, wie unten beschrieben. Dein Stoffverbrauch ist 4 × der Radius + 20 cm.)
- Gummiband, 3,5 cm breit: Länge = Taillenweite

SCHNITTERSTELLUNG

Zeichne auf ein 95 × 70 cm großes Stück Schnittmusterpapier eine Linie im 45 °-Winkel zur Kante = blaue Linie, siehe Skizze rechts.
Berechne den **Taillenradius**:
Taillenweite (hier 72 cm) + 15 cm = 87 cm (Umfang)
Kreisberechnung für die **Taille**:
Durchmesser = Umfang (87 cm) : 3,14 = 27,7 cm (~28 cm)
Der Radius ergibt sich aus dem halben Durchmesser und beträgt somit 14 cm.

Zeichne mithilfe des Maßbands, das du um den Anfang der 45 °-Linie drehst, einen Kreisbogen mit dem Taillenradius = rote Linie.

Berechne jetzt die **Rocklänge**:

Berechne den **Radius für den Rocksaum**:
Dazu brauchst du das Maß für die gewünschte Rocklänge (hier 60 cm) + 2 cm Saum + 1 cm Zugabe für die Oberkante = 63 cm Rocklänge.
Radius für den Rocksaum = Rocklänge + Taillenradius (63 cm + 14 cm = 77 cm)

Zeichne einen zweiten Kreisbogen mit dem Radius des Rocksaums = grüne Linie. Schneide dein Rockschnittmuster aus.

ZUSCHNITT

- 4 × Rockteil, im Stoffbruch
- 1 × Bundteil: errechneter Umfang × 10 cm

SKIZZE SCHNITTTEIL

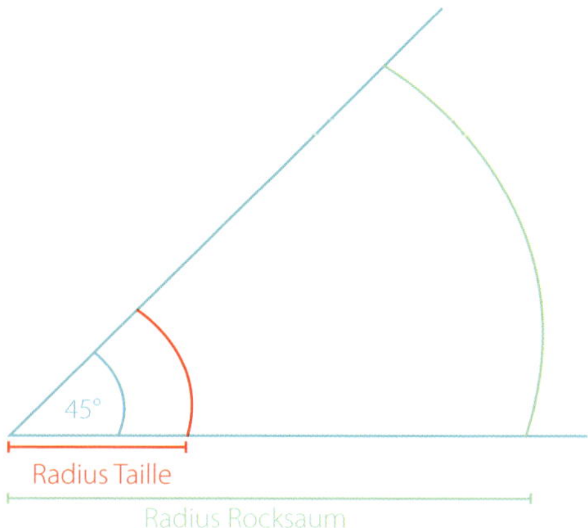

♥ LOS GEHT'S

1. Rockbahnen zusammennähen

Nähe die Rockbahnen jeweils mit 1 cm Nahtbreite rechts auf rechts aufeinander. Da die Schnittkanten im schrägen Fadenlauf liegen, dehnen sie sich schnell. Achte deshalb beim Nähen darauf, nicht an den Kanten zu ziehen. Versäubere die Nahtzugaben jeweils zusammengefasst mit Zickzackstichen oder der Overlock und bügle sie in eine Richtung.

2. Bund zusammennähen

Bügle das Bundteil links auf links zur Hälfte, sodass die Längskanten aufeinanderliegen. Falte den Bund wieder auf, lege dann die Schmalseiten rechts auf rechts aufeinander und nähe sie bis zum Bügelbruch zusammen. Bügle die Nahtzugaben auseinander und die Kanten an der Öffnung ebenfalls 1 cm breit um.

3. Bund bügeln

Falte den Bund wieder links auf links und bügle ihn noch einmal. Die Kanten an der Öffnung sollen aneinanderstoßen. Du kannst sie auf der Nahtzugabe fixieren.

4. Bund festnähen

Stecke den Bund rechts auf rechts an die obere Rockkante, sodass die Schnittkanten von Rock und Bund bündig aufeinanderliegen. Die Bundöffnung zeigt nach oben. Nähe den Bund ringsum mit 1 cm Nahtbreite fest. Versäubere die Nahtzugaben, klappe den Bund nach oben und bügle die Nahtzugaben nach unten.

5. Saum nähen

Bügle die Saumkante 2 × 1 cm breit nach links um und steppe den Saum von links knappkantig fest. Achte dabei darauf, dass keine Schrägzüge entstehen. Eventuell lohnt es sich, den Saum vorher zu heften.

6. Gummiband einziehen

Lege dir das Gummiband um die Taille und bestimme die Weite, die das Gummiband haben soll. Schneide es mit 2 cm Zugabe ab. Ziehe das Gummiband mithilfe einer Sicherheitsnadel in den Tunnel.

7. Gummiband sichern

Lege die Gummibandenden 2 cm breit übereinander und nähe sie mit Zickzackstichen fest aufeinander. Achte dabei darauf, dass das Gummiband nicht verdreht ist.

8. Rock fertigstellen

Schließe die Öffnung am Bund mit Handstichen und verteile die Fältchen gleichmäßig.

ROCK MIT TASCHEN

maß-geschneidert

MATERIAL

- Oberstoff: Baumwollstoff (hier Pikee); gewünschte Rocklänge + 40 cm, 140 cm breit
- Futterstoff: 25 × 35 cm für die Taschen
- aufbügelbare Bundeinlage für 2,5 cm breiten Bund (fertiges Maß): Länge = Taillenweite + 10 cm Nahtzugabe
- 22 cm nahtverdeckter Reißverschluss
- 2 Haken und Ösen (2 Sets)

SCHNITTERSTELLUNG

Erstelle eine Schnittvorlage für ein halbes vorderes bzw. rückwärtiges Rockteil, das dann im Stoffbruch aufgelegt wird. (Oder zeichne die Rechtecke direkt auf den Stoff.) Das Rechteck hat folgende Maße:

- **Breite:** Hüftweite (hier 96 cm) + 10 cm Zugabe + 4 cm Nahtzugabe = 120 cm Rockweite; durch 4 = 30 cm
- **Höhe:** gewünschte Rocklänge (hier 53 cm) + 4 cm Saum + 1 cm Nahtzugabe = 58 cm Länge

ZUSCHNITT

- Aus Oberstoff
  - 1 × Rockteil im Stoffbruch (Vorderteil)
  - 2 × Rockteil +jeweils 1 cm Nahtzugabe an der hinteren Mitte
  - 2 × Rock mit Taschen Tasche (SB 1)
  - 1 × Bund: Taillenweite + gewünschte Bequemlichkeitszugabe + 4 cm Nahtzugabe × 7 cm
- Aus Futterstoff
  - 2 × Rock mit Taschen Tasche (SB 1)

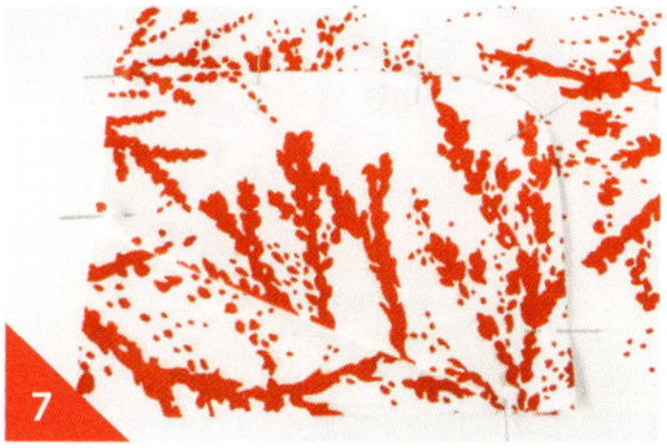

♥ LOS GEHT'S

1. Schnittteile vorbereiten

Versäubere alle drei Rockteile rundherum. Bügle die Bundeinlage auf die linke Stoffseite des Bunds.

2. Reißverschluss einnähen

Nähe den Reißverschluss, wie auf Seite 46 in Schritt 9 und 10 beschrieben, allerdings nähst du den Reißverschluss in die hintere Mitte. Der Zipper liegt dabei genau 1 cm unterhalb der Stoffkante.

3. Hintere Mittelnaht schließen

Schließe dann die Naht unterhalb des Reißverschlusses rechts auf rechts. Bügle die Nahtzugaben auseinander.

4. Taschenteile verstürzen

Lege jeweils ein Futtertaschenteil rechts auf rechts auf das passende Taschenteil aus Oberstoff und nähe die Taschen mit einer Nahtbreite von 1 cm zusammen, die obere und die kurze Seitenkante bleiben offen.

5. Nahtzugaben zurückschneiden

Schneide die Nahtzugaben etwas zurück und an den Rundungen in kurzen Abständen bis dicht an die Naht ein, damit sich die Taschenkanten nach dem Wenden schöner legen.

6. Taschen wenden

Wende die Taschen auf die rechte Seite. Bügle die Kanten sorgfältig, sodass die Nähte von außen nicht zu sehen sind. Steppe die Tascheneingriffe knappkantig ab.

7. Taschen auf das Vorderteil nähen

Stecke die Taschen jeweils seitlich auf das Rockvorderteil. Dabei liegen die oberen Schnittkanten der Taschen bündig an der Taillenkante und die seitlichen Schnittkanten der Taschen bündig an der seitlichen Kante des Vorderteils. Nähe die Taschen knappkantig fest. Wenn du magst, kannst du die Taschen auch noch ein zweites Mal füßchenbreit absteppen.

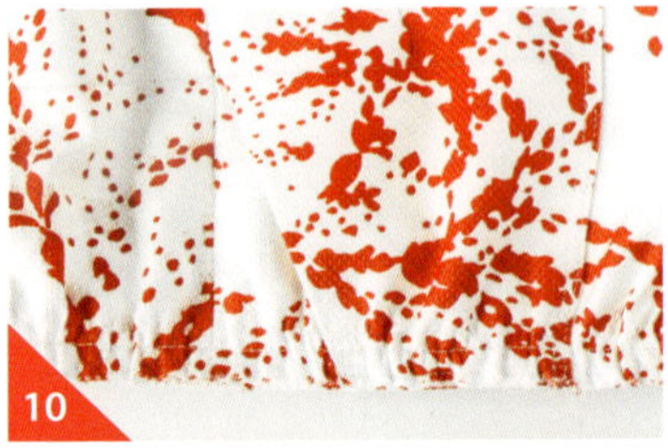

8. **Seitennähte schließen**

Lege die Rockteile rechts auf rechts aufeinander und schließe die Seitennähte 1 cm breit. Bügle anschließend die Nahtzugaben auseinander.

9. **Rockteile einkräuseln**

Steppe dafür mit großer Stichlänge 2 × an der oberen Kante entlang, mit 0,7 cm und 1,5 cm Abstand zur Kante. Dabei werden die Nähte nicht verriegelt und die Anfangs- und Endfäden mindestens 15 cm lang hängen gelassen. Ziehe an den Ober- oder Unterfäden und kräusle die Kante auf die Bundweite ohne Nahtzugabe ein.

10. **Mehrweite verteilen**

Verteile die Kräuselweite an Vorder- und rückwärtigem Teil gleichmäßig. Lediglich an den Seiten sollte etwas weniger Weite vorhanden sein, damit die Silhouette schmal bleibt.

11. **Bund annähen**

Stecke den offenen, verstärkten Bund mit der rechten Stoffseite auf der linken Rockseite an die Oberkante, die Längskanten liegen bündig aufeinander. An den Enden stehen jeweils 2 cm Nahtzugabe über. Nähe den Bund fest. Klappe ihn dann an der mittleren Falzung rechts auf rechts zur Hälfte und nähe die Schmalseiten mit der Nahtbreite von 2 cm zu, dabei muss die gefalzte Längskante umgeschlagen sein. Schneide die Nahtzugaben an den oberen Bundecken schräg ab.

12. **Bund von rechts feststeppen**

Wende den Bund nun auf die Außenseite, schlage die Nahtzugabe an der offenen Kante entlang der Falzung nach innen um und stecke die Bundkante so fest, das sie die Ansatznaht gerade überdeckt. Nähe den Bund knappkantig fest.

13. **Haken und Ösen anbringen**

Nähe als Verschluss zwei Haken und Ösen innen an den Bundenden fest, sodass die Bundenden genau aneinanderstoßen, wenn der Bund geschlossen ist.

14. **Rock säumen**

Bügle den Saum 4 cm breit nach links um und steppe ihn von außen 3,5 cm breit ab. Alternativ kannst du den Saum auch von Hand annähen.

KLEID MIT PUNKTEN

Größe S–XL

MATERIAL

- Baumwollbatist in Weiß mit Print: 170 cm, 150 cm breit
- 50 cm nahtverdeckter Reißverschluss in Weiß
- Vieseline G405 in Weiß: 40 cm

ZUSCHNITT

Die Nahtzugaben sind NICHT im Schnitt enthalten. Füge überall 1,5 cm Nahtzugabe hinzu, in der hinteren Mitte nur 1 cm. Am Ärmelsaum benötigst du ebenfalls 1,5 cm Nahtzugabe, am Rocksaum 3 cm.

- Aus Baumwollbatist
  - 1 × Vorderteil (SB 1), im Stoffbruch
  - 2 × Rückenteil (SB 1), gegengleich zuschneiden
  - 1 × Kleid mit Punkten Vorderer Rock (SB 2), im Stoffbruch
  - 2 × Kleid mit Punkten Hinterer Rock (SB 2), gegengleich zuschneiden
  - 2 × Ärmel in ganzer Länge (SB 2), gegengleich zuschneiden
  - 1 × Kleid mit Punkten Halsbeleg (SB 1), im Stoffbruch
- Aus Vlieseline G405
  - 1 × Kleid mit Punkten Halsbeleg (SB 1), im Stoffbruch

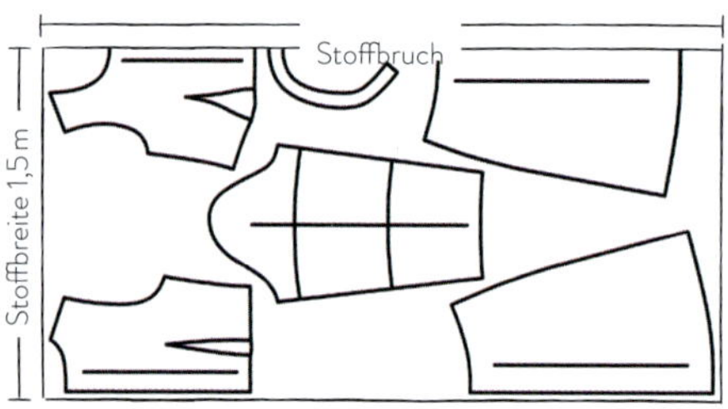

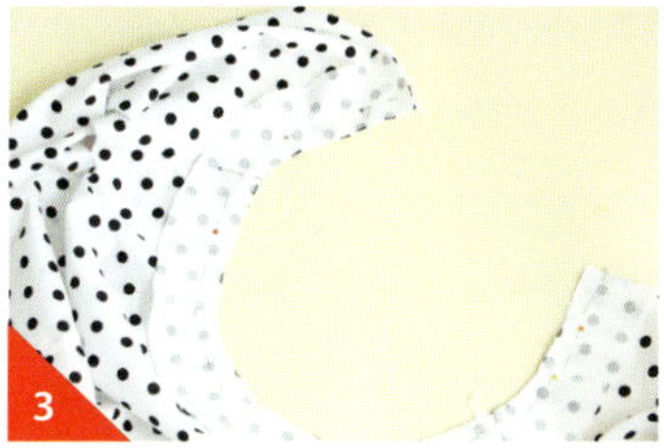

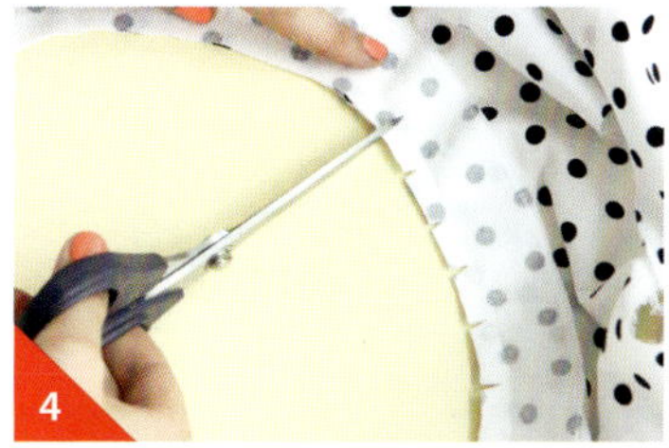

♥ LOS GEHT'S

1. Schulter- und Seitennähte schließen

Versäubere die Schulter-, Seiten- und Saumkanten an den Oberteilen sowie die Seitenkanten der Ärmel und Rockteile. Schließe die Schulternähte sowie die Seitennähte von Rock und Oberteil jeweils rechts auf rechts. Bügle die Nahtzugaben jeweils auseinander.

2. Abnäher nähen

Nähe die Abnäher am vorderen und hinteren Oberteil ab, indem du die Abnäherschenkel exakt rechts auf rechts aufeinandersteckst. Den Anfang verriegelst du wie üblich mit einigen Rückstichen. Am Ende lässt du die Fäden mindestens 10 cm lang hängen, ziehst sie auf die Innenseite und verknotest die Fadenenden miteinander. Nach dem Nähen bügelst du die Abnäher nach außen. Damit sie später flach liegen, schneidest du den Abnäherinhalt auf 1,5 cm zurück und versäuberst die Schnittkante.

3. Beleg annähen

Versäubere am Beleg die Außenkante. Nähe den Beleg dann rechts auf rechts an den Halsausschnitt, sodass die Knipse genau auf die Schulternähte treffen.

4. Nahtzugaben einschneiden

Schneide die Nahtzugaben bis auf 7 mm zurück und in kurzen Abständen bis dicht an die Naht ein, so erhält dein Halsausschnitt eine schöne Rundung.

5. Beleg flach steppen

Du kannst die Nahtzugaben anschließend noch niedersteppen. Nähe dazu noch einmal einige Millimeter von der ursprünglichen Nahtlinie entfernt am Beleg entlang und fasse dabei die Nahtzugabe auf der Unterseite mit, aber ohne das Oberteil mitzufassen.

6. Ärmelnähte schließen

Nun werden die Ärmel eingesetzt. Schließe die Ärmelnähte rechts auf rechts und bügle die Nahtzugaben auseinander.

7. Heftnaht nähen

Nähe mit dem längsten Stich deiner Nähmaschine eine Heftnaht (= großer Stich, Anfang und Ende werden nicht verriegelt, die Anfangs- und Endfäden 10 cm lang hängenlassen) rund um die Armkugel. Beginne mit der Heftnaht 6 cm hinter der Ärmelnaht und ende 6 cm davor.

8

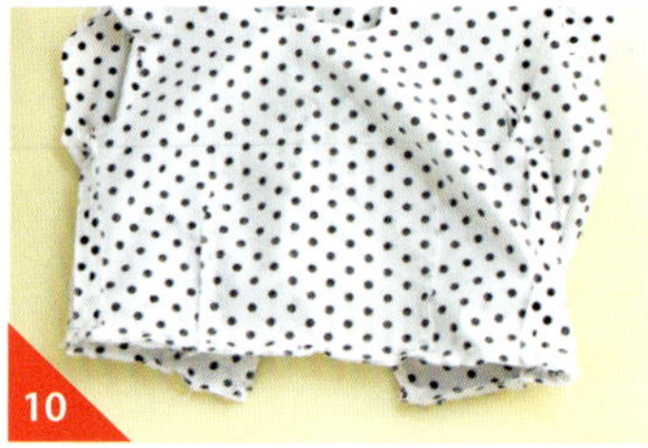
10

11

13

14

15

8. **Ärmel einsetzen**

Stecke den Ärmel ins Armloch, sodass die Knipse vorn aufeinandertreffen und der obere Knips im Ärmel genau auf die Schulternaht trifft. Ziehe vorsichtig an den Fäden der Heftnaht, um die Ärmelweite leicht einzukräuseln.

9. **Ärmel annähen**

Nähe den Ärmel mit 1,5 cm Nahtzugabe ein und verteile dabei die Weite mit den Händen, sodass keine Falten entstehen. Versäubere die Nahtzugaben zusammen. Nähe den zweiten Ärmel entsprechend ein.

10. **Rockteil ansetzen**

Nähe das Rockteil in der Taille rundherum an das Oberteil. Fixiere die Seitennähte mit quer liegenden Stecknadeln aufeinander, damit sie genau aufeinandertreffen. Versäubere die Nahtzugaben dann gemeinsam und bügle sie nach oben in Richtung des Oberteils.

11. **Reißverschluss einnähen**

Nähe dann den Reißverschluss in die hintere Mitte ein, wie auf Seite 46 in Schritt 9 und 10 beschrieben. Statt an die Rockseitenkante nähst du den Reißverschluss natürlich in die hintere Mitte und der Reißverschluss (also die Zähnchen des Reißverschlusses) beginnt genau unterhalb der Belegansatznaht. Nähe den Reißverschluss auch erst ab dem Beginn der Zähnchen fest, damit du die oberen Enden der Bänder anschließend nach innen zwischen Beleg und Rückenteil klappen kannst.

12. **Hintere Mitte schließen**

Schließe jetzt die Naht unterhalb des Reißverschlusses rechts auf rechts. Bügle die Nahtzugaben auseinander.

13. **Beleg wenden und annähen**

Nun schlägst du die offenen Schmalseiten des Belegs nach innen ein, genau wie die oberen Ende der Reißverschlussbänder, und klappst dann den Beleg nach unten. Fixiere die eingeschlagenen Schmalseiten der Blende mit der Maschine oder von Hand auf den Reißverschlussbändern.

14. **Beleg festnähen**

Nähe den Beleg fest, indem du von außen genau auf der Schulternaht nähst und dabei den Beleg mitfasst. Wenn du magst, kannst du den Beleg auch noch einmal von außen absteppen oder von Hand unsichtbar annähen.

15. **Säume nähen**

Bügle den Rocksaum 3 cm breit und die Ärmelsäume 2 × 0,75 cm breit nach links um und steppe sie 2,5 cm breit bzw. knappkantig ab.

KRAGENKLEID

Größe S–XL

MATERIAL

- Baumwollbatist in Grau mit Print: 180 cm, 150 cm breit
- Baumwollbatist in Weiß: 30 cm, 150 cm breit
- Baumwollbatist in Gelb: 100 cm, 150 cm breit
- 50 cm nahtverdeckter Reißverschluss in Grau
- 1 Knopf in Weiß
- Vlieseline G405 in Weiß: 30 cm

ZUSCHNITT

Die Nahtzugaben sind NICHT im Schnitt enthalten. Füge rundherum 1,5 cm Nahtzugabe hinzu, in der hinteren Mitte allerdings nur 1 cm. Am Ärmelsaum benötigst du ebenfalls 1,5 cm Nahtzugabe, am Rocksaum 3 cm.

- **Aus Baumwollbatist in Grau**
  - 1 × Vorderteil (SB 1), im Stoffbruch
  - 2 × Rückenteil (SB 1), gegengleich zuschneiden
  - 1 × Vorderer Rock (SB 2), im Stoffbruch
  - 2 × Hinterer Rock (SB 2), gegengleich zuschneiden
  - 2 × Ärmel in ganzer Länge (SB 2), gegengleich zuschneiden
  - 1 × Kragenkleid Halsbeleg (SB 2), im Stoffbruch
- **Aus Baumwollbatist in Weiß**
  - 4 × Kragenkleid Ärmelbündchen (SB 2)
  - 4 × Kragenkleid Kragen (SB 2)
- **Aus Baumwollbatist in Gelb**
  - 2 × Kragenkleid Schleife (SB 2)
  - 1 × Kragenkleid Band Schleife (SB 2)
- **Aus Vlieseline G405**
  - 1 × Kragenkleid Halsbeleg (SB 2), im Stoffbruch
  - 4 × Kragenkleid Ärmelbündchen (SB 2)
  - 4 × Kragenkleid Kragen (SB 2)

VORBEREITUNG

Bügle die Vlieseline auf die linken Stoffseiten der entsprechenden Teile.

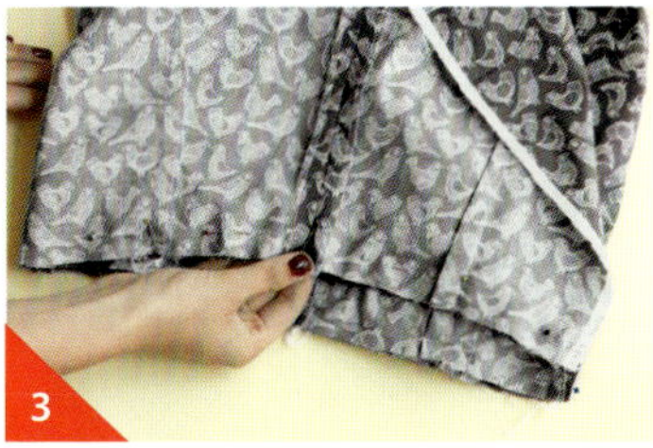

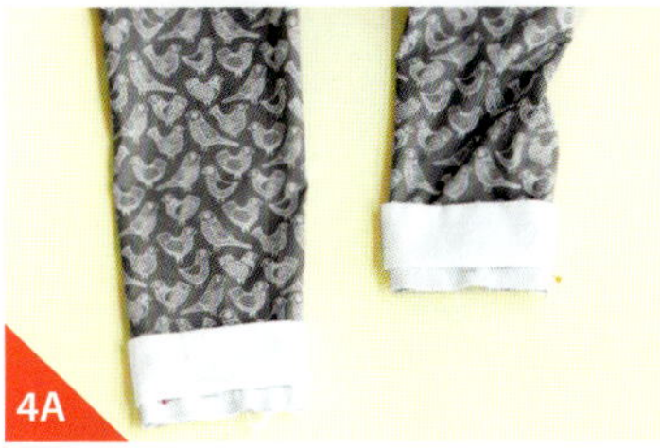

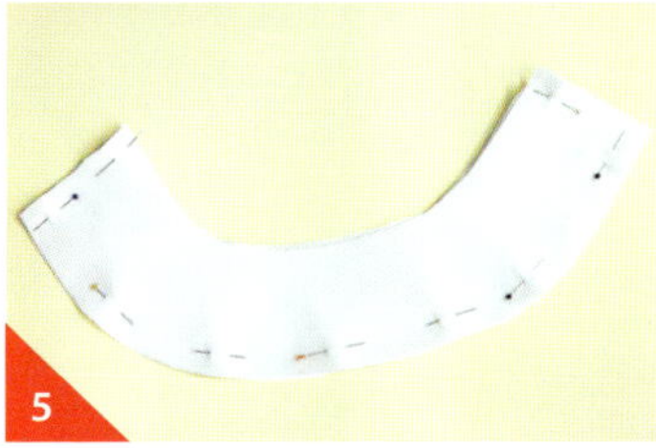

♥ LOS GEHT'S

1. Falten legen

Lege mithilfe der Markierungen im Schnitt vorn und hinten im Rockteil die Falten ein, indem du den Stoff an den beiden äußeren Markierungen jeweils zur mittleren Markierung faltest. Fixiere die Falten mit einigen Stichen auf der Nahtzugabe.

2. Seitennähte und Abnäher nähen

Versäubere alle Kanten bis auf den Halsausschnitt und die Armausschnitte. Nähe am Rock und Oberteil die Seitennähte rechts auf rechts zusammen. Am Rock schließt du die hintere Mittelnaht bis zur Markierung. Nähe noch die Schulternähte und Abnäher am Oberteil, siehe auch Schritt 2, Seite 67. Bügle die Nahtzugaben auseinander. Den Inhalt der Abnäher schneidest du auf 1,5 cm zurück, versäuberst ihn ebenfalls und bügelst ihn nach außen.

3. Oberteil und Rock zusammennähen

Nähe Oberteil und Rock in der Taille rechts auf rechts zusammen. Wende dafür den Rock auf rechts und schiebe ihn in das Oberteil. Achte darauf, dass die Abnäher genau mittig auf die Falten im Rock treffen. Die Nahtzugaben kannst du gemeinsam versäubern und ins Oberteil bügeln.

4. Ärmel nähen

Schließe die Ärmelnähte rechts auf rechts und bügle die Nahtzugaben auseinander. Nähe die Ärmel ins Armloch, wie ab Seite 67 in Schritt 7–9 beschrieben. Nähe je zwei Ärmelbündchen-Teile an den Oberkanten rechts auf rechts zusammen. Bügle jeweils eine offene Längskante 1,5 cm breit nach links um. Falte die Kante wieder auf und nähe dann die Bündchen an den Schmalseiten jeweils rechts auf rechts zu Ringen zusammen. Stecke die Bündchen jeweils mit der nicht umgebügelten Kante an die rechte Seite der Ärmelsäume und nähe sie rundum fest. Schlage die Nahtzugaben nach innen ein und nähe die offene Kante von Hand fest: Vernähe das Fadenende, stich aus der Stoffkante aus und auf selber Höhe in die andere Stoffkante wieder ein. Führe die Nadel im Stoff etwas nach links und stich wieder aus der Kante aus usw.

5. Kragen nähen

Nähe Ober- und Unterkragen jeweils aufeinander, schneide die Zugaben in kurzen Abständen bis dicht an die Naht ein und wende die Kragenteile. Bügle sie glatt und nähe sie entsprechend der Knipse links auf rechts auf der Nahtzugabe am Halsloch fest.

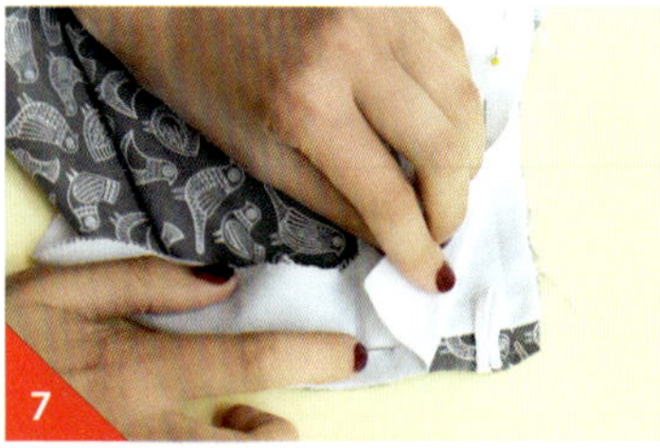

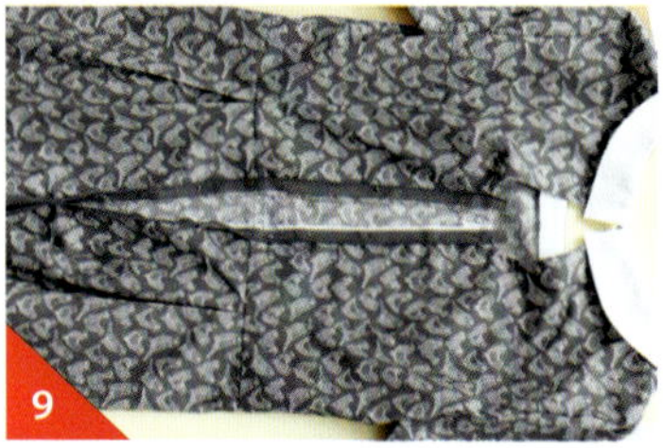

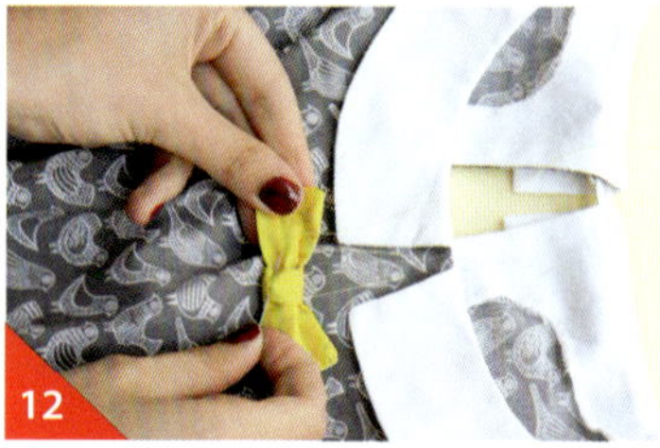

6. Schlaufe nähen

Schneide aus dem weißen Stoff eine kleine Schlaufe von etwa 6 cm Länge und 3 cm Breite inklusive Nahtzugabe im schrägen Fadenlauf zu. Falte diesen Streifen der Länge nach rechts auf rechts und nähe ihn zusammen, sodass ein etwa 0,5 cm breiter Schlauch entsteht. Am Ende kannst du die Breite auf etwa 1 cm erhöhen – so lässt er sich leichter wenden. Dann wendest du den Schlauch, indem du einen Faden doppelt in die Nadel einfädelst und die Enden verknotest. Mit einigen Rückstichen fixierst du ihn dann am Ende des Schlauchs. Dann fädelst du die Nadel mit dem Öhr zuerst durch den Träger. Indem du vorsichtig am Fadenende ziehst, stülpst du die rechte Stoffseite des Streifens durch die Öffnung hindurch nach außen.

7. Schlaufe annähen

Lege den gewendeten Schlauch zu einer kleinen Schlaufe, die du am linken Rückenteil gut 1,5 cm von der oberen Kante entfernt in der hinteren Mitte annähst.

8. Beleg annähen

Nähe den Beleg rundherum ans Halsloch und fasse dabei den Kragen mit. Schneide die Nahtzugaben an den Ecken schräg ab und an den Rundungen in kurzen Abständen bis dicht an die Naht ein.

9. Reißverschluss einnähen

Nähe dann den Reißverschluss in die hintere Mitte ein, wie auf Seite 46 in Schritt 9 und 10 für die Rockseitenkante beschrieben. Der Reißverschluss (also die Zähnchen des Reißverschlusses) beginnen hier genau unterhalb der Belegansatznaht. Nähe den Reißverschluss auch erst ab hier fest. Schließe anschließend noch das Stück offene Naht in der hinteren Mitte.

10. Beleg wenden und annähen

Schlage die Schmalseiten des Belegs und die oberen Enden der Reißverschlussbänder nach innen ein. Wende den Beleg nach innen. Fixiere die Schmalseiten mit der Maschine oder von Hand auf dem Reißverschlussband.

11. Schleife nähen

Falte beide Rechtecke für die Schleife rechts auf rechts zur Hälfte und nähe sie rundum bis auf eine Öffnung in der Mitte zusammen. Wende die Rechtecke und forme daraus eine Schleife, die du mit Handstichen fixierst.

12. Kleid fertigstellen

Im Anschluss nähst du die Schleife von Hand ans Kleid. Nähe gegenüber der Schlaufe einen Knopf ans rückwärtige Halsloch. Bügle den Saum 3 cm breit nach links um und nähe ihn unsichtbar von Hand an.

TWEEDKLEID

Größe S–XL

MATERIAL

- Tweed in Grau: 120 cm, 150 cm breit
- Futterstoff in Grau: 110 cm, 140 cm breit
- Vlieseline G405 in Weiß: 10 cm
- 50 cm nahtverdeckter Reißverschluss in Grau
- 3 Knöpfe in Grau

ZUSCHNITT

Die Nahtzugaben sind NICHT im Schnitt enthalten. Füge rundherum 1,5 cm Nahtzugabe hinzu, an der hinteren Mitte jeweils nur 1 cm. Am Rocksaum aus Tweed benötigst du 3 cm Saumzugabe, am Futter fällt die Saumzugabe weg.

- Aus Tweed
  - 1 × Tweedkleid Vorderteil (SB 1), im Stoffbruch
  - 2 × Tweedkleid Rückenteil (SB 1), gegengleich
  - 1 × vorderer Rock (SB 2), im Stoffbruch
  - 2 × hinterer Rock (SB 2), gegengleich
  - 2 × Riegel vorn (SB 1)
  - 2 × Riegel hinten (SB 1)
- Aus Futterstoff
  - 4 × Tweedkleid Taschenbeutel (SB 1)
  - 1 × Tweedkleid Vorderteil (SB 1), im Stoffbruch
  - 2 × Tweedkleid Rückenteil (SB 1), gegengleich
  - 1 × Vorderer Rock (SB 2), im Stoffbruch
  - 2 × Hinterer Rock (SB 2), gegengleich
- Aus Vlieseline G405
  - 2 × Riegel vorn (SB 1)
  - 2 × Riegel hinten (SB 1)

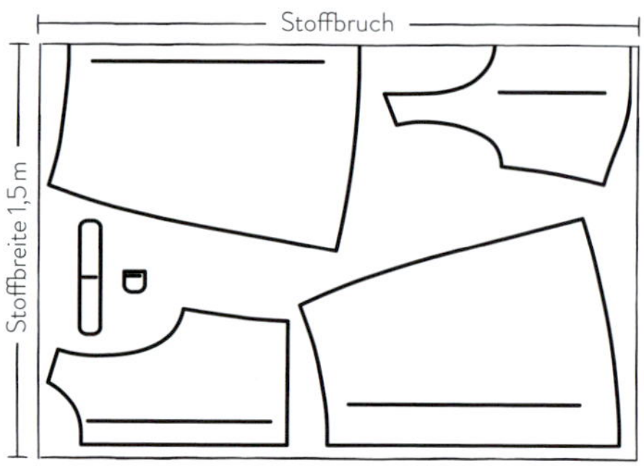

VORBEREITUNG

Bügle die Einlage auf die linken Stoffseiten der entsprechenden Teile.

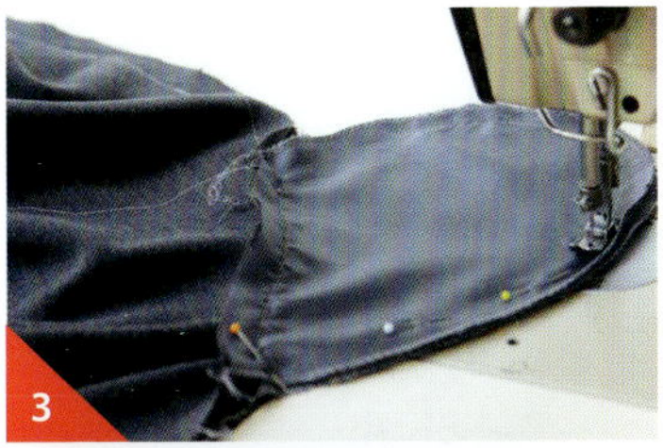

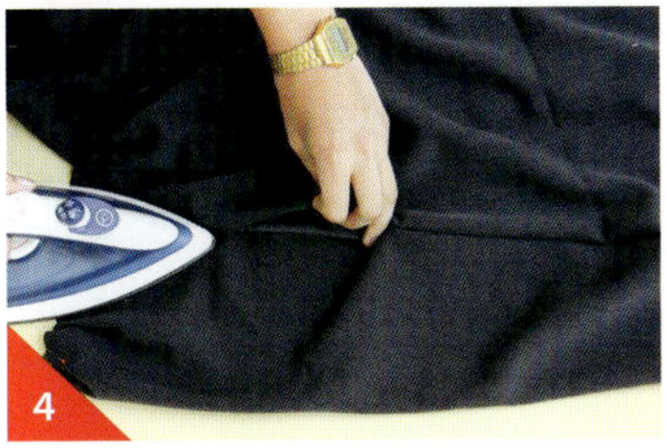

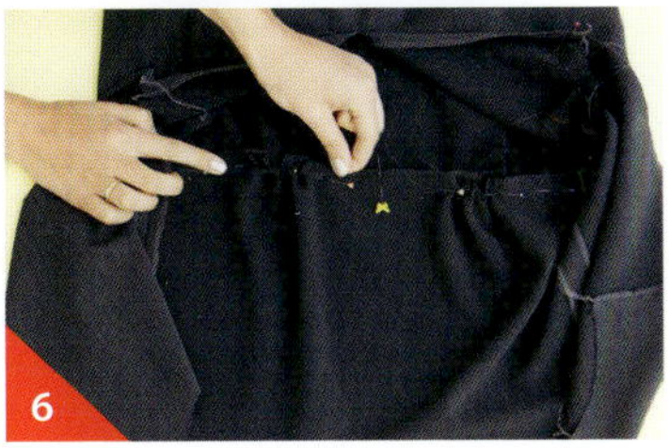

♥ LOS GEHT'S

1. Taschen annähen

Zuerst nähst du nur das Außenkleid zusammen. Versäubere die runde Kante der Taschenbeutel. Nähe diese dann exakt von Knips bis Knips rechts auf rechts jeweils an eine Rock-Seitennaht, sodass auf jeder Seite 1,5 cm Abstand zur Taschenkante bleiben.

2. Seitennähte schließen

Schließe nun die Seitennähte. Lass dabei exakt die Öffnung zwischen den Knipsen offen und beginne bzw. ende genau an der zuvor genähten Naht. Ziehe die Taschenbeutel beim Nähen der Seitennähte ein Stück heraus, damit du sie nicht mitfasst.

3. Taschenbeutel schließen

Schließe nun die Taschenbeutel, indem du beide Beutel aufeinandernähst. Beginne und ende exakt an der ersten Naht, also 1,5 cm von der geraden Kante der Taschenbeutel entfernt.

4. Nahtzugaben versäubern und Mittelnaht schließen

Versäubere die Nahtzugaben der Seitennaht einzeln, fasse dabei jeweils die gerade Kante des Taschenbeutels mit. Bügle die Nahtzugaben dann nach vorn. Schließe am Rock die hintere Mittelnaht bis zum Knips, versäubere die Zugaben einzeln und bügle sie auseinander.

5. Schulter- und Seitennähte schließen

Versäubere alle Kanten bis auf die Hals- und Armausschnittkanten. Schließe am Oberteil Seiten- und Schulternähte jeweils rechts auf rechts und bügle sie auseinander. Lege mithilfe der Markierungen im Schnitt vorn und hinten im Rockteil jeweils die Falten ein, indem du den Stoff an den beiden äußeren Markierungen jeweils zur mittleren Markierung faltest. Fixiere die Falten mit einigen Stichen auf der Nahtzugabe. Kräusele das Oberteil von Knips zu Knips ein, wie auf Seite 64 in Schritt 9 beschrieben, sodass Ober- und Rockteil dieselbe Weite haben.

6. Ober- und Rockteil zusammensetzen

Nähe die Taillennaht, wende dazu das Rockteil auf rechts und schiebe es rechts auf rechts in das Oberteil. Verteile die Mehrweite hierbei gleichmäßig. Versäubere die Nahtzugaben der Taillennaht und bügle sie ins Oberteil.

7. Riegel nähen

Nähe die Teile für den hinteren Riegel bis auf die kurze, gerade Kante rechts auf rechts zusammen, schneide die Nahtzugaben bis auf 3 mm zurück, wende das Teil und nähe mittig ein Knopfloch ein. Hefte den Riegel oberhalb des Knipses an die linke hintere Mittelnaht.

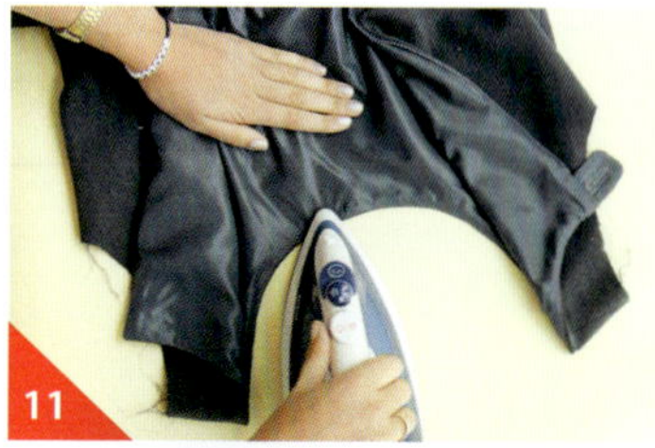

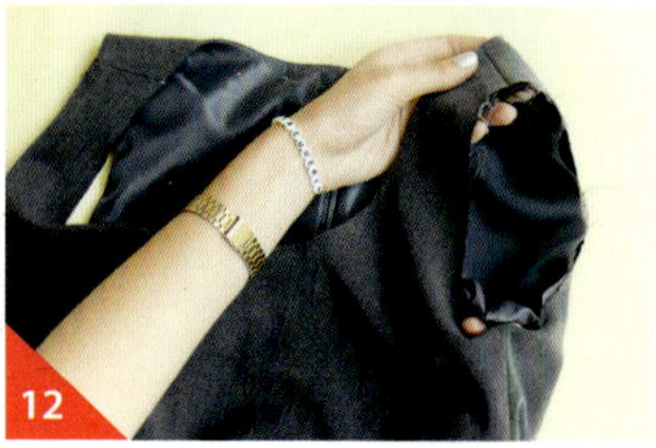

8. Reißverschluss einnähen

Nähe dann den Reißverschluss in die hintere Mitte ein, wie auf Seite 46 in Schritt 9 und 10 beschrieben. Statt an die Rockseitenkante nähst du den Reißverschluss in die hintere Mitte und der Zipper sitzt genau unterhalb des Riegels. Schließe dann noch das Stück offene Naht in der hinteren Mitte.

9. Futterkleid nähen

Arbeite das Futterkleid gegengleich zum Außenkleid. Stülpe das Futterkleid dann rechts auf rechts über das Außenkleid. Nähe beide Kleider entlang des Ausschnitts und des Reißverschlusses aufeinander.

10. Kleid wenden

Schneide die Nahtzugaben an den Ecken schräg ab und an den Rundungen in kurzen Abständen bis dicht an die Naht ein. Wende das Kleid. Steppe die Ansatznaht flach. Nähe dazu noch einmal einige Millimeter von der ursprünglichen Nahtlinie entfernt am Futterausschnitt entlang und fasse dabei die Nahtzugabe auf der Unterseite, aber nicht das Außenkleid, mit.

11. Kante bügeln

Bügle die Ausschnittkante so, dass die Naht von außen nicht zu sehen ist.

12. Armausschnitte aufeinanderlegen

Greife nun von unten ins Armloch und ziehe die Nahtzugaben von Außen- und Futterkleid am Armloch von unten durchs Kleid gemeinsam nach außen.

13. Armausschnitte nähen

Schließe die Nähte am Armausschnitt jeweils so weit es geht Stück für Stück – und natürlich rechts auf rechts. Schneide dann die Nahtzugaben in kurzen Abständen vorsichtig bis dicht an die Naht ein und wende das Kleid nach außen.

14. Kleid fertigstellen

Säume das Außenkleid von Hand mit einem 3 cm breiten Saum. Bügle die Saumkante des Futterkleids 2 × 1,5 cm breit nach links um und steppe den Saum knappkantig ab. Nähe die beiden Teile für den vorderen Riegel bis auf eine ca. 5 cm große Wendeöffnung in der unteren Mitte rechts auf rechts zusammen, schneide die Nahtzugaben bis auf 3 mm zurück, lass sie nur an der Wendeöffnung in voller Breite stehen. Wende und bügle das Teil und schließe anschließend die Wendeöffnung von Hand. Nähe den Riegel dann mit einigen Handstichen mittig ans Vorderkleid. Nähe zuletzt zwei Knöpfe auf den vorderen Riegel und hinten passend zum Riegel einen Knopf an die rechte Kleidseite.

LATZKLEID

Größe S–XL

MATERIAL

- Baumwoll-Denim oder Chambray in Jeansblau: 130 cm, 150 cm breit
- Vlieseline G405 in Weiß: 80 cm
- 20 cm nahtverdeckter Reißverschluss in Blau
- kräftiges Jeansgarn in Braun
- 2 Knöpfe in Braun

ZUSCHNITT

Die Nahtzugaben sind NICHT im Schnitt enthalten. Füge rundherum 1,5 cm Nahtzugabe, in hinzu. Am Rocksaum benötigst du 3 cm Nahtzugabe.

- Aus Denim
  - 2 × Latzkleid Vorderer Rock (SB 1)
  - 2 × Latzkleid Hinterer Rock (SB 1), gegengleich zuschneiden
  - 2 × Latzkleid Rückwärtige Tasche (SB 1)
  - 2 × Latzkleid Träger (SB 2)
  - 2 × Latzkleid Vorderer Bund (SB 2), im Stoffbruch
  - 2 × Latzkleid Rückwärtiger Bund (SB 2), im Stoffbruch
  - 2 × Latzkleid Latz (SB 2)
  - 2 × Latzkleid Taschenbeutel (SB 1), gegengleich zuschneiden
  - 2 × Latzkleid Taschenspiegel (SB 1), gegengleich zuschneiden
- Aus Vlieseline G405
  - 2 × Latzkleid Träger (SB 2)
  - 2 × Latzkleid Vorderer Bund (SB 2), im Stoffbruch
  - 2 × Latzkleid Rückwärtiger Bund (SB 2), im Stoffbruch

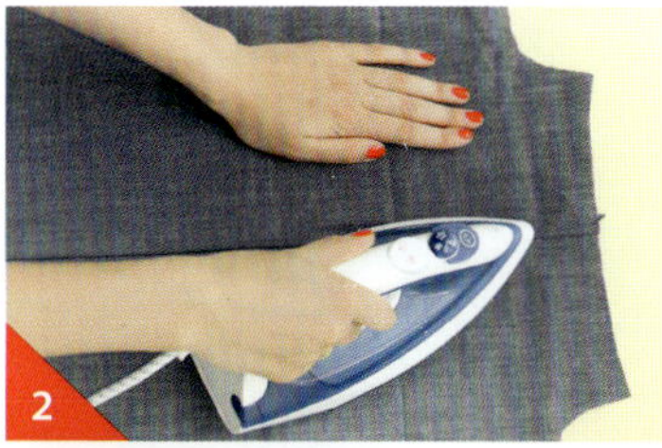

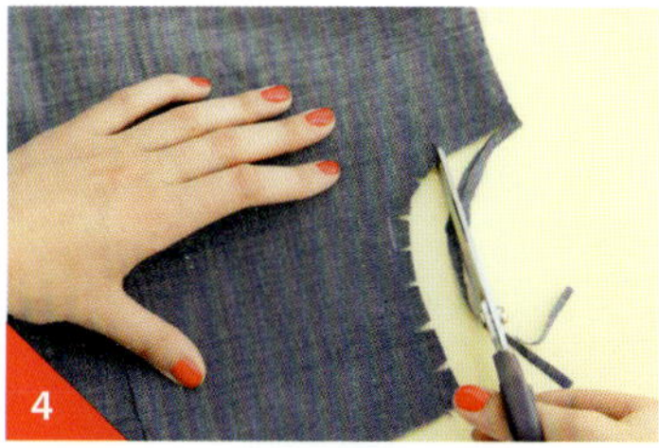

♥ LOS GEHT'S

1. Vorbereitung

Bügle die Einlage auf die linken Stoffseiten der entsprechenden Teile.

2. Mittelnähte schließen

Schließe am vorderen und hinteren Rock die Mittelnähte jeweils rechts auf rechts. Versäubere die Nähte und bügle sie zur linken Seite.

3. Nähte absteppen

Steppe nun die Nähte mit einem stärkeren Garn in größerer Stichlänge von rechts ab, einmal knappkantig und einmal mit etwa 0,5 cm Abstand zur ersten Naht. Hier wurde ein Nähfüßchen als Maß verwendet, um den Abstand gleich zu halten.

4. Tascheneingriff nähen

Lege den Taschenbeutel rechts auf rechts an den Tascheneingriff und nähe beides mit 1,5 cm Nahtzugabe zusammen. Schneide die Naht zurück und die Rundung ein, damit sie sich später gut legt.

5. Taschenbeutel wenden

Bügle den Taschenbeutel nach innen und steppe auch den Eingriff doppelt ab.

6. Taschenspiegel annähen

Nähe nun den Taschenspiegel entlang der gebogenen Kante rechts auf rechts auf den Taschenbeutel, sodass er exakt mit der Seitennaht und Taillennaht abschließt. Versäubere die Nahtzugaben gemeinsam und nähe den Taschenbeutel oben und seitlich mit einigen Stichen am Rock fest, sodass nichts mehr verrutschen kann.

7. Rückwärtige Taschen nähen

Versäubere die rückwärtigen Taschen rundherum. Nähe mit dem größten Stich und ohne zu verriegeln in einem Abstand von etwa 1 cm zur Kante einzeln um die unteren Ecken, die Anfangs- und Endfäden lässt du dabei mindestens 10 cm hängen. Bügle nun die Außenkante nach innen. Damit sich die Rundungen besser legen, ziehst du hierbei vorsichtig an den Fadenenden deiner Heftnähte, um den Stoff etwas zusammenzuziehen.

8. Taschenoberkante absteppen

Bügle nun auch die obere Zugabe 1,5 cm nach innen. Steppe diese von rechts in einem Abstand von 1 cm zur Kante fest.

9. Taschen aufnähen

Steppe die Taschen gemäß Markierung auf den Rock. Du beginnst in der oberen rechten Ecke und nähst einmal knappkantig rund um die untere Kante bis zur linken Ecke. Dann entlang der oberen Kante zwei Stiche nach innen und im Abstand von etwa 0,5 cm zur ersten Steppung wieder zur rechten Ecke nähen. Auch hier an der oberen Kante zwei Stiche quer nähen und verriegeln.

10. Seitennähte schließen

Schließe die Seitennähte. Lass hierbei an der linken Seitennaht oben einen Schlitz von etwa 25 cm offen. Versäubere die Nahtzugaben und bügle sie auseinander.

11. Latz nähen

Nähe die Latzteile rechts auf rechts an den Seiten und oben zusammen. Schneide die Nahtzugaben bis auf 7 mm an die Naht zurück und an den Rundungen in kurzen Abständen bis dicht an die Naht ein. Dann wendest du den Latz. Rundherum bügeln und die Außenkante doppelt absteppen.

12. Träger nähen

Falte den Träger rechts auf rechts zur Hälfte, sodass die Längskanten aufeinanderliegen. Nähe die Stofflagen an einer Schmalseite und der Längskante zusammen. Schneide die Nahtzugaben an der Ecke schräg bis dicht an die Naht ab. Wende den Träger mithilfe eines Stabs oder Kochlöffels. Bügle ihn und steppe die Kanten bis auf die kurze, offene Kante doppelt ab. Arbeite den zweiten Träger entsprechend.

13. Bund nähen

Nähe die Bundteile für den Innen- und Außenbund jeweils rechts auf rechts an den Schmalseiten aneinander, lass dabei die linke Seite offen und bügle die Nahtzugaben auseinander. Stecke den Latz rechts auf rechts mittig an die obere Bundkante und nähe diesen 1 cm von der Kante entfernt fest. Die Träger fixierst du genauso am rückwärtigen Bund. Der Abstand der Träger zur hinteren Mitte sollte je etwa 7,5 cm betragen.

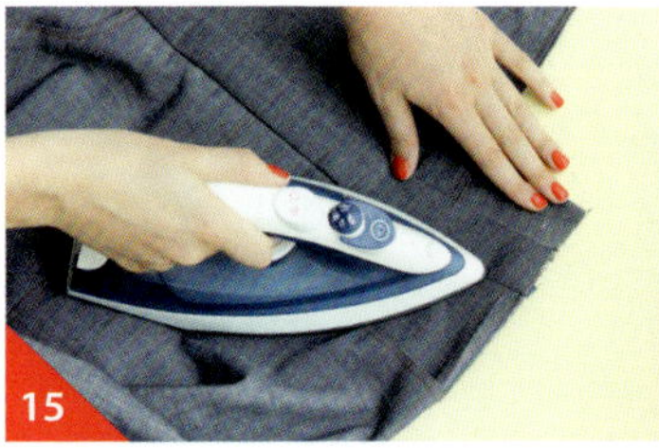

14. **Innenbund annähen**

Nähe den Innenbund entlang der oberen Kante 1,5 cm breit an den Außenbund, sodass Latz und Träger dazwischengefasst werden. Schneide die Nahtzugaben zurück und bügle den Innenbund nach unten. Bügle die Nahtzugabe an der unteren Kante des Innenbunds 1,5 cm breit zur linken Seite um.

15. **Bund ansetzen**

Nähe die untere Kante des Außenbunds rundherum rechts auf rechts an die obere Kante des Rocks. Bügle die Nahtzugaben nach oben in den Bund.

16. **Reißverschluss einnähen**

Klappe den Innenbund nochmals nach oben und arbeite den Reißverschluss ein, wie auf Seite 46 in Schritt 9 und 10 beschrieben. Der Reißverschluss (also die Zähnchen des Reißverschlusses) beginnt genau unterhalb der Naht zwischen Innen- und Außenbund. Nähe den Reißverschluss auch erst ab dem Beginn der Zähnchen fest, damit du die oberen Enden der Bänder anschließend nach innen zwischen die Bundteile klappen kannst und sie von außen nicht mehr zu sehen sind.

17. **Hintere Mitte schließen**

Schließe jetzt das offene Stück Naht unterhalb des Reißverschlusses rechts auf rechts. Das geht am besten mit dem Reißverschlussfuß. Bügle anschließend die Nahtzugaben auseinander.

18. **Bund fertigstellen**

Klappe den Innenbund jetzt nach innen. Schlage die seitlichen Nahtzugaben oberhalb des Reißverschlusses und die oberen Enden des Reißverschlusses ebenfalls nach innen ein, sodass sie im Bundinneren verschwinden. Steppe den Bund an der Unterkante doppelt ab und fasse dabei die eingeschlagene Kante des Innenbunds mit. Steppe anschließend auch die obere Kante doppelt ab.

19. **Kleid fertigstellen**

Nähe zwei Knöpfe an den Latz, fasse beim Annähen der Knöpfe die Trägerenden mit, sodass sich die Träger am Rücken überkreuzen. Versäubere die Saumkante, bügle sie 3 cm breit nach innen um und steppe sie zum Schluss 2,5 cm von der Kante entfernt doppelt und ebenfalls mit dem kräftigen Garn ab.

BESCHWINGTER ROCK

ALLE GRÖSSEN

Gibt es abweichende Angaben für die unterschiedlichen Größen, sind die Angaben für Größe S–L in Rot markiert, für die Kindergrößen in Blau.

MATERIAL

- Rock: 140 cm/105 cm gewebter Baumwollstoff in Dunkelblau
- Bund: 16 cm Bündchenware in Dunkelblau
- Schleife: ca. 35 cm/30 cm gewebter Baumwollstoff in Rot mit weißen Punkten

ZUSCHNITT

- **Aus Baumwollstoff in Dunkelblau**
  - Lege den Stoff in den Bruch, sodass er 140 × 70 cm/105 × 52 cm breit liegt. Ein weiteres Mal in den Bruch legen, sodass er 70 × 70 cm/52,5 × 52 cm breit liegt. Nun hast du an 2 Kanten einen Stoffbruch. Ab der Ecke, an der beiden Stoffbrüche aufeinandertreffen, zeichnest du mithilfe eines Fadenzirkels, siehe Tipp auf Seite 48, zwei Kreislinien für das Rockteil: Größe S: bei 12,5 cm und bei 66 cm
    Größe M: bei 14 cm und bei 67,5 cm
    Größe L: bei 15,5 cm und bei 68,0 cm
  - Größe 98–116: bei 8,5 cm und bei 42,5 cm
    Größe 122–140: bei 9,5 cm und bei 51,5 cm
  - Das erste Maß ist der Radius für den Hüftausschnitt, das zweite der Radius des Rocksaums.
  - Das Rockteil zuschneiden und die Stoffbrüche, also die Kreisviertel, mit Knipsen (= kleiner Einschnitt in die Nahtzugabe) markieren.
    Die fertigen Röcke haben dann diese Längen:
  - Größe S–L: 57 cm
  - Größe 98–116: 38 cm
  - Größe 122–140: 46 cm

- **Aus Bündchenstoff**
  - je 1 Streifen für den Bund zuschneiden:
  - Größe S: 16 × 70 cm
  - Größe M: 16 × 76 cm
  - Größe L: 16 × 83 cm
  - Größe 98–116: 16 × 48 cm
  - Größe 122–140: 16 × 54 cm

- **Aus Baumwollstoff in Rot**
  - je 2 Streifen in folgenden Größen zuschneiden:
  - Größe S: 16 × 98,5 cm und 16 × 78,5 cm
  - Größe M: 16 × 101,5 cm und 16 × 81,5 cm
  - Größe L: 16 × 105 cm und 16 × 85 cm
  - Größe 98–116: 14 × 78 cm und 14 × 64 cm
    Größe 122–140: 14 × 80 cm und 14 × 66 cm

TIPP

Diesen Rock kann man gut im Lagen-Look nähen: Einfach 2 oder mehrere Röcke in unterschiedlichen Längen übereinanderlegen, bevor das Bündchen angenäht wird. Oder wie wäre es mit einem längeren Tüllrock unter dem Hauptstoff – für einen romantischen Look?

♥ LOS GEHT'S

1. **Bund vorbereiten**
Lege am Bund die Schmalseiten rechts auf rechts und nähe sie mit einem Stretchstich oder Zickzackstich zusammen. Bügle die Nahtzugaben auseinander und wende das Bündchen, sodass es links auf links zur Hälfte und die Längskanten aufeinanderliegen. Markiere jeweils ein Viertel der Weite mit Knipsen oder Stecknadeln.

2. **Bund feststecken**
Stecke den Bund rechts auf rechts an die Oberkante des Rockteils, die offenen Kanten des Bunds schließen mit der Rockkante ab. Die Markierungen (Knipse) des Rockteils auf die Markierungen des Bündchens stecken.

3. **Bund annähen**
Nähe das Bündchen mit einem elastischen Stich leicht gedehnt an den Rock. Versäubere die Naht anschließend mit Zickzackstichen oder der Overlock.

4. **Saum nähen**
Bügle den Rocksaum 2 × 1 cm breit nach links um und steppe ihn knappkantig ab.

5. **Schleife nähen**
Nähe die beiden Streifen an einer Schmalseite rechts auf rechts aufeinander. Bügle die Nahtzugaben auseinander. Lege den Streifen jetzt rechts auf rechts zur Hälfte, sodass die Längskanten aufeinanderliegen, und nähe beide Enden und die lange Kante zusammen. Dabei lässt du in der Mitte der Längskante eine Wendeöffnung von ca. 10 cm. Wende den Schlauch, bügle die Kanten und schlage dabei die Nahtzugaben an der Wendeöffnung nach innen ein. Steppe das Band ringsherum knappkantig ab, dabei wird auch die Wendeöffnung geschlossen.

6. **Schleifenband annähen**
Nähe das Schleifenband mit der Naht, an der die beiden Stoffbahnen am Anfang zusammengenäht wurden, auf die Bündchennaht des Rocks. Diese Naht liegt an der rechten Seite des Rocks.

FALTENROCK FÜR KIDS

MATERIAL

- gemusterter Baumwollstoff:
  2× die Rocklänge - 26 cm, 140 cm breit
  (bei einem Bauchumfang bis 70 cm)
- Baumwollstoff in Uni: 50 cm × doppelter Bauchumfang

MISS AM KIND

Bestimme die Rocklänge (mit Bund), indem du einen Rock deines Kinds abmisst. Oder miss mit dem Maßband direkt am Kind.

SCHNITTERSTELLUNG & ZUSCHNITT

- Aus gemustertem Baumwollstoff
  - 2× Rechteck A:
    Länge: gewünschte Rocklänge - 13 cm
    Breite: Bauchumfang + 24 cm
  - 2× Rechteck B:
    Länge: 6 cm
    Breite: halber Bauchumfang
- Aus Baumwollstoff in Uni
  - 2× Rechteck C:
    Länge: 18 cm
    Breite: Bauchumfang + 24 cm
  - 2× Rechteck D:
    Länge: 4 cm
    Breite: doppelter Bauchumfang

LOS GEHT'S

ZUSCHNITT: GEMUSTERTER BAUMWOLLSTOFF

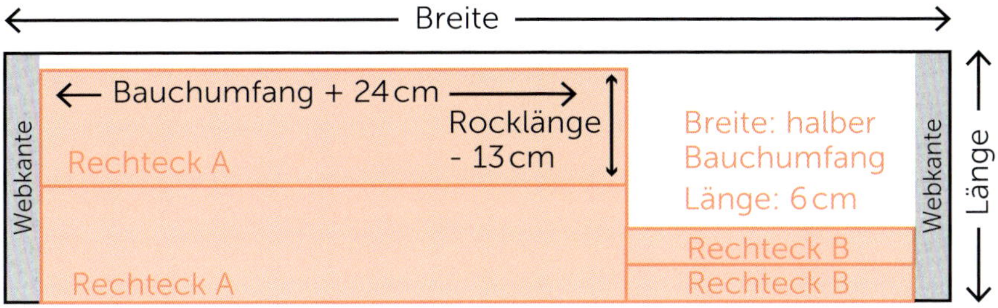

Berechne die benötigte Größe deiner Rechtecke, zeichne sie auf deinen Stoff und schneide sie aus. Orientiere dich an den Webkanten.

ZUSCHNITT: BAUMWOLLSTOFF IN UNI

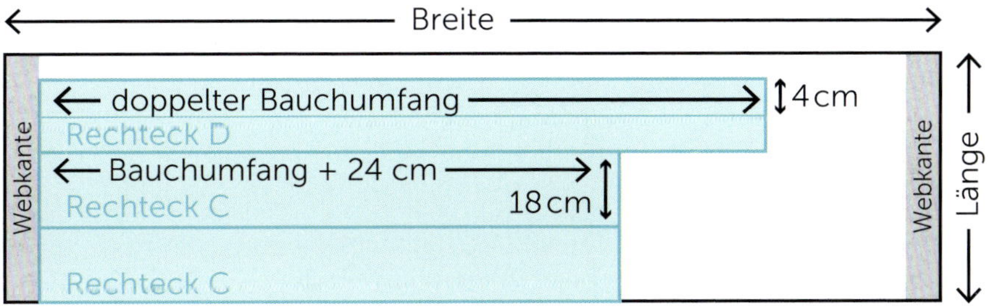

ZU SCHRITT 3: 7 FALTEN MARKIEREN

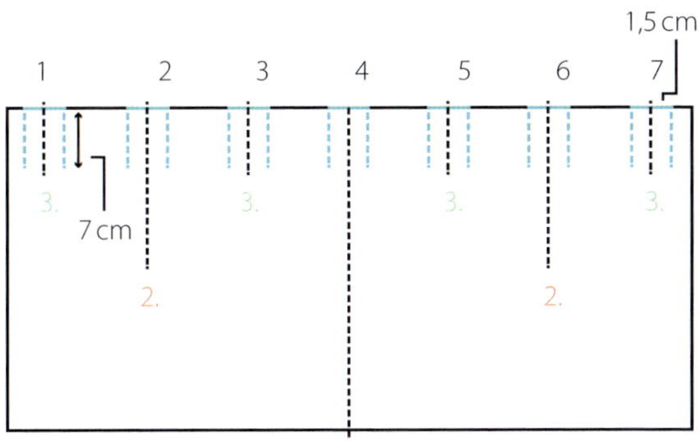

Markiere an der oberen Kante zuerst die Mitte des gesamten Teils.
Markiere dann auch jeweils die Mitte der rechten und der linken Hälfte.
Zum Schluss unterteilst du die Viertel jeweils auch noch in zwei gleich große Teile, so erhälst du an der Oberkante 7 Markierungen für die Falten.

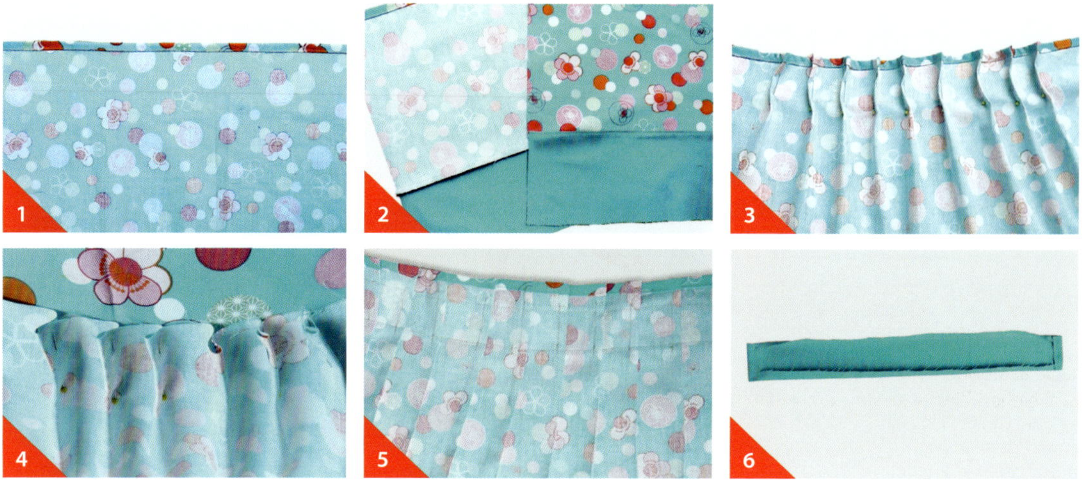

1. Rechtecke A säumen

Bügle die obere Kante eines Rechtecks A zweimal jeweils 1 cm breit nach innen. Klappe anschließend den Saum wieder auf. Verfahre mit dem zweiten Rechteck A in gleicher Weise.

2. Rechtecke zusammennähen

Stecke jeweils ein Rechteck C rechts auf rechts an die Unterkante eines Rechtecks A. Nähe die Kanten zusammen und versäubere sie. Steppe die Naht knappkantig ab.

3. Falten markieren

Markiere anhand der Skizze auf Seite 85 an beiden Rechtecken A jeweils sieben Falten. Zeichne die Markierungen an der Oberkante des Rechtecks auf die linke Stoffseite – am besten mit einem auswaschbaren Aquamarker oder mit Schneiderkreide.

4. Falten nähen

Falte den Stoff jeweils genau an der markierten Faltenmitte rechts auf rechts. Nähe im Abstand von 1,5 cm zu dieser Kante die Falten jeweils 7 cm tief ab. Nähe am oberen und unteren Ende der Naht einige Male vor- und rückwärts.

5. Falten bügeln

Gehe so Falte für Falte vor. Bügle abschließend alle Falten in dieselbe Richtung. Achte darauf, dass du die Falten an beiden Rechtecken in dieselbe Richtung bügelst.

6. Rechtecke B bügeln

Nimm Rechteck B zur Hand und schlage die kurzen Seiten 0,5 cm breit nach links ein, bügle und nähe sie mit Geradstich fest. Bügle danach die langen Kanten ca. 5–7 mm breit nach innen.

7

8

9

VERZIERTER SAUM

Wenn du für den unteren Streifen einen unifarbenen Stoff verwendet hast, kannst du diesen in Kontrastfarbe absteppen. Hier wurde einer der zahlreichen Zierstiche der Nähmaschine verwendet. Bei gemustertem Stoff, könntest du ein Band oder eine Borte aufsteppen.

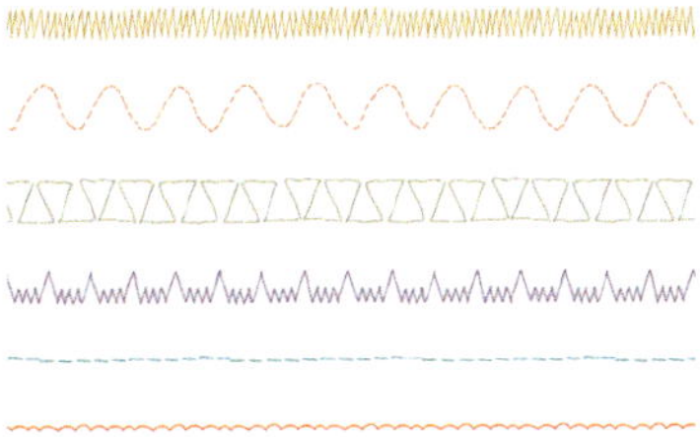

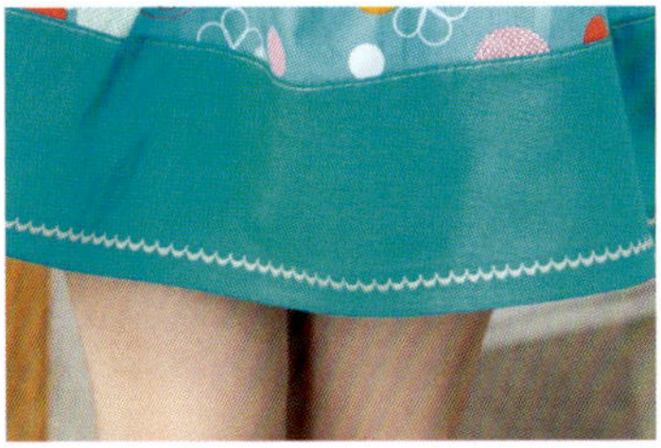

7. Rechtecke B aufnähen

Stecke ein Rechteck B auf den Faltenbereich eines Rechtecks A, ca. 4 cm von der oberen Kante entfernt, und nähe Rechteck B auf Rechteck A, allerdings nur entlang der Ober- und Unterkante von Rechteck B. Links und rechts bleiben Öffnungen für den Tunnelzug. Nähe das zweite Rechteck B entsprechend auf das andere Rechteck A.

8. Seitenkanten und Säume nähen

Versäubere die Seitenkanten der Rechtecke A. Lege dann beide Rockteile rechts auf rechts und nähe sie an den Seiten zusammen. Bügle die Nahtzugaben auseinander und den schmalen Saum an der Oberkante erneut um. Steppe diesen Saum rundum knappkantig ab. Wende den Rock und bügle die Saumkante erst 1,5 cm, dann noch einmal 2 cm breit nach links um. Nähe den Saum von innen knappkantig fest.

9. Bindeband nähen

Schlage die kurzen Seiten von Rechteck D ca. 1 cm breit nach innen um. Falte dann den Stoffstreifen links auf links zur Hälfte, sodass die Längskanten aufeinanderliegen. Falte den Streifen wieder auf und bügle die Längskanten zur entstandenen Bügellinie in der Mitte. Lege den Streifen jetzt noch einmal zur Hälfte, sodass der Stoff vierfach liegt. Steppe das Band an beiden Seiten knappkantig ab. Ziehe den Streifen mithilfe einer Sicherheitsnadel durch beide Tunnelzüge des Rocks und binde die Enden zu einer Schleife.

FESTLICHES KINDERKLEID

maß-
geschneidert

MATERIAL

- leichter Baumwollstoff mit Muster;
  bis zu einem Bauchumfang von 55 cm: gewünschte Kleidlänge + 10 cm, bei größerem Bauchumfang bis 70 cm: gewünschte Kleidlänge + gewünschte Länge Oberteil + 15 cm
- 1 Reißverschluss, nicht teilbar, mindestens 5 cm länger als das Oberteil

MISS AM KIND

Um die gewünschte Länge des Rocks zu ermitteln, miss vom Bauchnabel bis z. B. zu den Knien.

SCHNITTERSTELLUNG & ZUSCHNITT

- 1 × Rockteil:
  Länge: gewünschte Rocklänge
  Breite: doppelter bis dreifacher Bauchumfang
- 4 × Oberteil:
  Länge: gewünschte Länge Oberteil + 2 cm
  Breite: Viertel des Bauchumfangs + 2,5 cm
  Nimm ein ausreichend großes Stück Schnittmusterpapier und zeichne das halbe Vorder- bzw. das Rückenteil mithilfe der unteren Skizze auf Seite 89 auf. Schneide zuerst 4 × das Rückenteil zu, gib dabei an der hinteren Mitte noch 1 cm Nahtzugabe zu. Schneide dann den Halsausschnitt für das Vorderteil am Schnittmuster aus und schneide anschließend das Vorderteil 2 × im Stoffbruch zu.

TIPP

Um die gewünschte Länge des Oberteils zu ermitteln, miss von der Schulter bis z. B. zur Hüfte. Oder nimm ein gut passendes Shirt oder Kleid als Vorlage.

♥ LOS GEHT'S

ZUSCHNITT: BAUMWOLLSTOFF MIT MUSTER

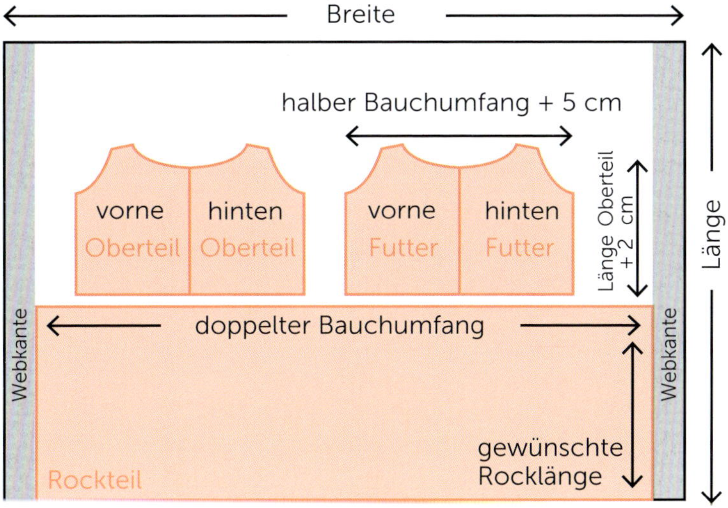

Berechne zuerst die benötigte Größe für dein Rockteil und zeichne es auf. Schneide danach mithilfe deines Schnittmusters Vorder- und Rückenteile zu.

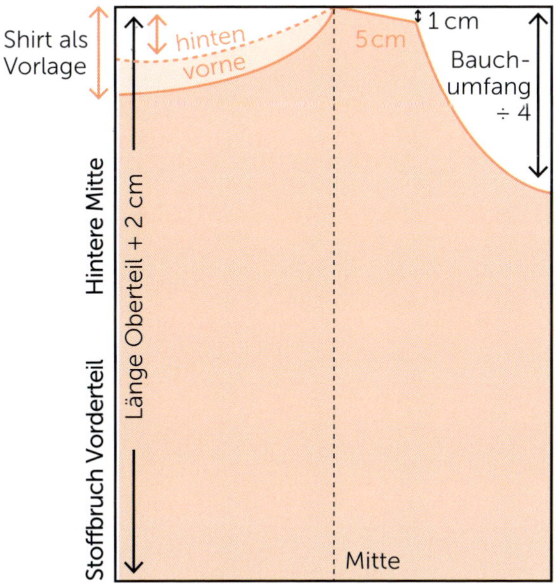

Halbes Vorder-/Rückenteil

Mithilfe des Oberteilschnitts wird 4× das Rückenteil und 2× das Vorderteil im Stoffbruch zugeschnitten. Am Rückenteil gibst du in der hinteren Mitte jeweils 1 cm Nahtzugabe zu. Für den Halsausschnitt und die Armausschnitte nimm einen Teller zu Hilfe.

Achte auf verschiedene Halsausschnitttiefen bei Vorder- und Rückenteil.

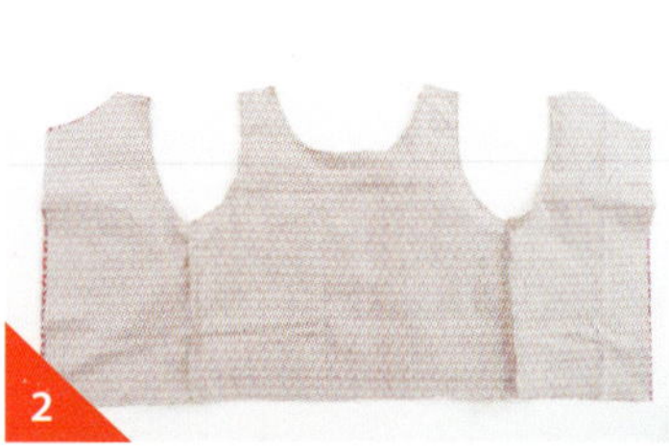

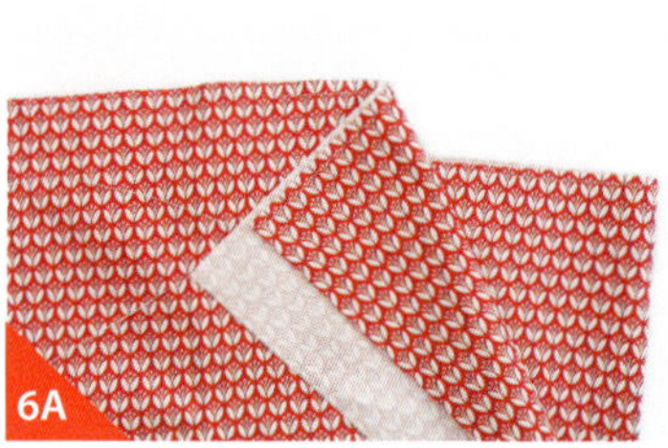

1. Oberteil zusammennähen

Lege die Rückenteile jeweils rechts auf rechts an den Seitenkanten an das Vorderteil und schließe die Seitennähte. Bügle die Nahtzugaben auseinander. Nähe so beide Oberteile zusammen: Ein Teil wird das Außenteil, das andere das Futter.

2. Oberteile zusammennähen

Lege beide Oberteile rechts auf rechts aufeinander und nähe sie am vorderen und hinteren Halsausschnitt sowie den Armausschnitten zusammen, lass aber jeweils Öffnungen von 2 cm vor und nach der Schulternaht.

3. Oberteile wenden

Wende die Teile, sodass die rechte Seite außen liegt, und bügle die Kanten.

4. Träger am Außenteil zusammennähen

Nähe zuerst jeweils die Träger des Außenteils an den Schultern rechts auf rechts zusammen. Bügle die Nahtzugaben auseinander.

5. Träger am Futter zusammennähen

Nähe dann auch die Träger am Futterteil zusammen. Das ist ein bisschen kniffliger, aber wenn du dir die Träger gut aufeinandersteckst und dann Stück für Stück nähst, geht's.

6. Rock einkräuseln

Kräusele die Oberkante des Rockteils auf die Weite der unteren Oberteilkante, wie in Schritt 9 auf Seite 64 ausführlich beschrieben.

7. Rock annähen

Stecke und nähe das Rockteil rechts auf rechts an die Kante des Oberteils, unbedingt an das Außen- nicht an das Futterteil. Versäubere die Naht und bügle die Nahtzugaben nach oben ins Oberteil. Entferne dann den Kräuselhilfsfaden, wenn nötig.

8. Reißverschluss einnähen

Versäubere die Stoffkanten in der hinteren Mitte. Lege den Reißverschluss an die Stoffkante eines Außenteils in der hinteren Mitte, sodass der Zipper genau unterhalb der Naht am Halsausschnitt liegt. Stecke 1 cm oberhalb des Zähnchenendes unten am Reißverschluss eine Markierungsnadel in den Stoff. Nähe die hinteren Rockteile von unten bis zur Markierungsnadel rechts auf rechts zusammen und bügle die Naht auseinander. Nähe den Reißverschluss ein, wie ab Seite 15 in Schritt 6 und 7 beschrieben.

9. Futter an den Reißverschluss nähen

Wende das Kleid so weit, dass du das Futter rechts auf links an den Reißverschluss nähen kannst. Stecke und nähe das Futter fest. Nähe dabei noch einmal durch die Naht, mit der du eben den Reißverschluss angenäht hast. Die Unterkante des Futters schlägst du dabei 1 cm breit ein, sodass es mit der Rockansatznaht endet. Wende das Kleid, bügle die Kanten und steppe die Armausschnitte, den Halsausschnitt und den Reißverschluss knappkantig ab.

10. Kleid fertigstellen

Wende das Kleid auf links. Schlage die Unterkante des Futters 1 cm zur linken Stoffseite hin ein, bügle die Kante und nähe das Futter direkt an die Kräuselnaht. Dabei verdeckst du die Nahtzugabe der Kräuselnaht. Es ist einfacher, wenn du dabei den Reißverschluss offen lässt. Schlage für den Saum die Kante 1 cm nach innen um und dann noch einmal 1,5 cm. Bügle die Falzkante und stecke sie fest, bevor du mit Gerad- oder Zickzackstich den Saum nähst.

SMOKKLEID

maß-
geschneidert

MATERIAL

- Baumwollstoff in Uni: Kleidlänge - 5 cm
- Baumwollstoff mit Punkten: 45 cm
- Kräuselband: Breite = Breite des Kleidteils und in der Höhe, auf der das Kleid gesmokt werden soll. Du kannst auch mehrere Kräuselbänder untereinandernähen, dann brauchst du entsprechend 2- oder 3 × die Breite des Kleidteils.

MISS AM KIND

Miss die gewünschte Kleidlänge beginnend oberhalb der Brust z. B. bis zum Knie.

SCHNITTERSTELLUNG & ZUSCHNITT

- **Aus Baumwollstoff in Uni**
  - 2 × Kleidteil:
    Länge: gewünschte Kleidlänge - 10 cm
    Breite: doppelter Bauchumfang
- **Aus Baumwollstoff mit Punkten**
  - 2 × Volant:
    Länge: 15 cm
    Breite: Bauchumfang × 1,5
  - 4 × Träger:
    Länge: 4 cm
    Breite: 35 cm

TIPP

Das Kräuselband nähst du mit ein paar langen Geradstichnähten an die Rückseite deines Stoffs. Dann ziehst du an den Gummibändern des Kräuselbands, sodass es den Stoff zusammenzieht.

ZUSCHNITT: BAUMWOLLSTOFF IN UNI

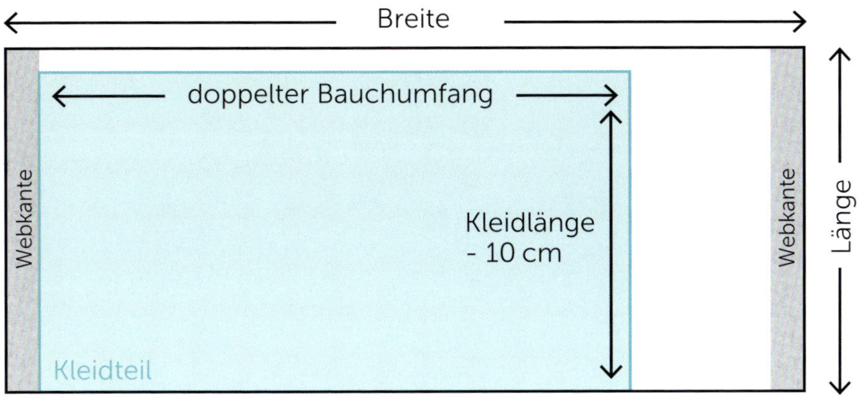

ZUSCHNITT: BAUMWOLLSTOFF MIT PUNKTEN

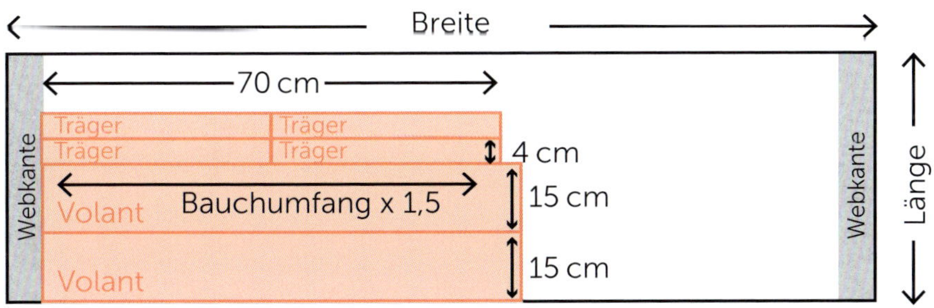

Berechne die benötigte Größe deiner Rechtecke, zeichne sie auf deinen Stoff und schneide die Teile aus. Orientiere dich an den Webkanten. Schneide auch das Kräuselband zurecht.

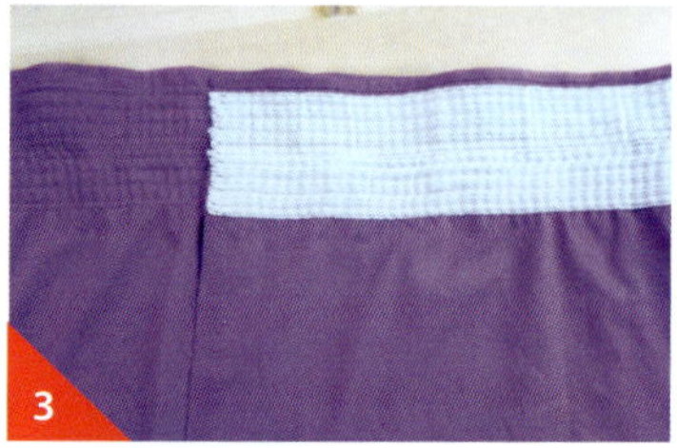

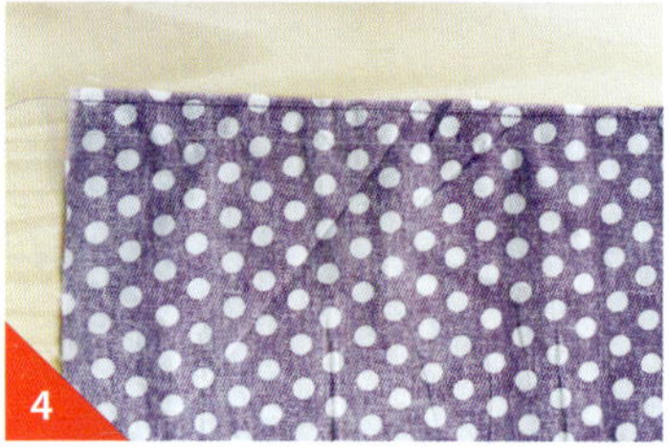

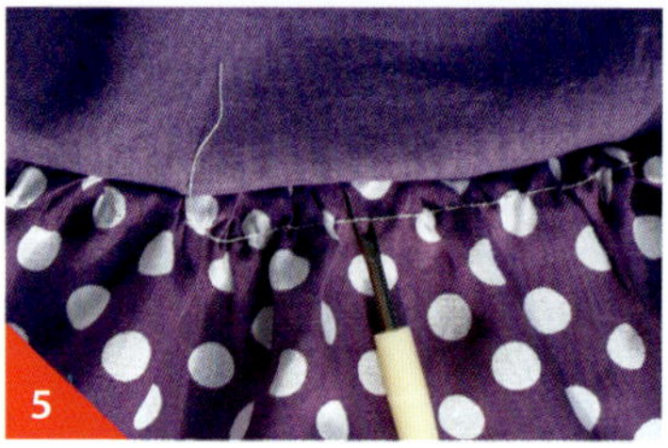

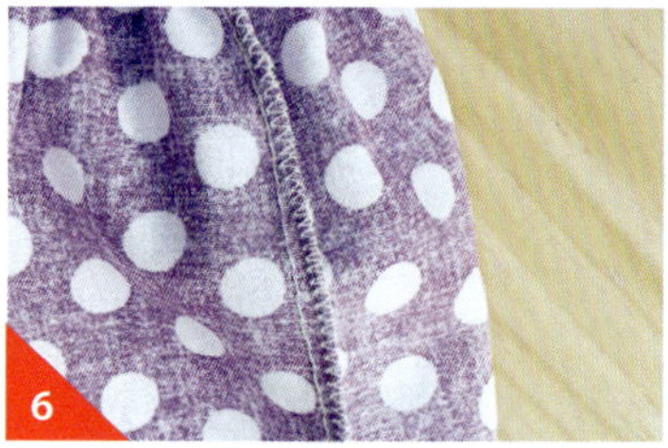

1. Oberen Saum nähen

Bügle die obere Kante des Kleidteils 2× jeweils 1 cm breit nach innen und fixiere den Saum. Nähe diesen schmalen Saum knappkantig fest.

2. Kräuselband annähen

Nähe das Kräuselband mit einem Abstand von ca. 0,5 cm zum oberen Saum mit Geradstichen auf die linke Stoffseite. Nähe entlang aller Zwischenräume. Achte darauf, dass du die Gummifäden nicht mit festnähst. Bringe den zweiten (und eventuell dritten) Streifen Kräuselband auf die gleiche Weise an, direkt unter dem ersten Streifen.

3. Kleid smoken

Ziehe an den eingearbeiteten Gummifäden, bis du die richtige Weite erreicht hast, d. h. ungefähr den knappen Bauchumfang, und verknote sie. Lege nun die seitlichen Kanten rechts auf rechts und schließe die Rückennaht. Versäubere die Naht mit einem Zickzackstich oder der Overlock. Falls du die Overlock verwendest, pass auf, dass sich dabei die Nahtenden bzw. Knoten der Gummifäden nicht lösen. Wende das Kleid auf rechts.

4. Volant kräuseln

Versäubere je eine Schmalseite der Volantstreifen. Nähe sie anschließend an diesen Schmalseiten rechts auf rechts aneinander und bügle die Nahtzugaben auseinander. Nähe einen oder zwei Kräuselhilfsfäden in die obere Kante des Volantstreifens, wie auf Seite 64 in Schritt 9 beschrieben. Beginne, an den Fäden zu ziehen. Falls du zwei Kräuselnähte genäht hast, ziehe entweder an beiden Unter- oder an beiden Oberfäden. Die anderen beiden Fäden verknotest du jeweils miteinander.
Ziehe vorsichtig an den Fäden.

5. Falten zusammenschieben

Ziehe weiter vorsichtig an den Fäden und verteile die Falten gleichmäßig. Das machst du so lange, bis der Umfang des Volants dem Umfang der unteren Kleidkante entspricht.

6. Volant zum Ring schließen

Lege die noch offenen Schmalseiten des Volants rechts auf rechts, schließe die Naht, versäubere sie und bügle die Naht flach.

7. **Volant feststecken**

Schiebe die Falten so, dass die Nähte des Volants ihn in genau zwei Hälften unterteilen. Unterteile am Volant und an der unteren Kleidkante jeweils mit Stecknadeln die Weite in Viertel. Stecke beide Teile rechts auf rechts aneinander. Dabei sollen die vier Stecknadelmarkierungen jeweils aufeinandertreffen und die Nähte des Volants auf die seitlichen Markierungen am Kleid.

8. **Volant annähen**

Nähe den Volant an das Kleid. Achte darauf, dass die Fältchen möglichst quer zur Naht liegen, wenn du sie annähst, dann sehen sie gleichmäßiger aus. Versäubere anschließend die Nahtzugaben. Falls der Kräuselhilfsfaden zwischen Kleid und Volant hervorschaut, entferne ihn mit dem Nahttrenner. Bügle die Nahtzugabe nach oben und steppe die Naht knappkantig auf dem Kleid ab. Für den Saum schlägst du die Kante 1 cm nach innen um und dann noch einmal um 1,5 cm. Bügle die Falzkante und stecke sie fest, bevor du mit Gerad- oder Zickzackstich den Saum nähst.

9. **Träger nähen**

Bügle jeweils eine kurze Seite der Träger ca. 1 cm nach innen um. Falte dann die Träger jeweils links auf links zur Hälfte, sodass die Längskanten aufeinanderliegen. Falte den Streifen wieder auf und bügle die Längskanten zur entstandenen Bügellinie in der Mitte. Lege den Streifen jetzt noch einmal zur Hälfte, sodass der Stoff vierfach liegt. Steppe jeden Träger an beiden Seiten knappkantig ab. Die ideale Position der Träger lässt sich am besten bei einer Anprobe herausfinden. Nähe die Träger von innen an das Kleid, zwei vorn, zwei hinten. Verknote zum Schluss jeweils einen vorderen und einen hinteren Träger zu einer Schleife.

TIPP

Wenn die Träger deinem Kind gerne mal von der Schulter rutschen, schneidest du sie etwas länger zu und legst sie auf dem Rücken über Kreuz, bevor du sie festnähst.

ÜBERSICHT SCHNITTMUSTER

SCHNITTMUSTERBOGEN 1

- Grundschnitt vorderes Seitenteil
- Grundschnitt vorderes Mittelteil
- Grundschnitt hinteres Seitenteil
- Grundschnitt hinteres Mittelteil
- Grundschnitt vorderer Bundbeleg
- Grundschnitt hinterer Bundbeleg
- Grundschnitt Vorderes Mittelteil mit Knopfleiste
- Wickelrock Vorderteil
- Rock mit Knopfleiste Tasche
- Rock mit Taschen Tasche
- Vorderteil (für Kleid mit Punkten und Kragenkleid)
- Rückenteil (für Kleid mit Punkten und Kragenkleid)
- Kleid mit Punkten Halsbeleg
- Tweedkleid Vorderteil
- Tweedkleid Rückenteil
- Tweedkleid Taschenbeutel
- Riegel vorn (für Tweedkleid und Latzkleid)
- Riegel hinten (für Tweedkleid und Latzkleid)
- Latzkleid Vorderer Rock
- Latzkleid Hinterer Rock
- Latzkleid Rückwärtige Tasche
- Latzkleid Taschenbeutel
- Latzkleid Taschenspiegel

SCHNITTMUSTERBOGEN 2

- Pullikleid Vorderteil
- Pullikleid Rückenteil
- Ärmel (für Kleid mit Punkten, Kragenkleid und Pullikleid)
- Pullikleid Halsbeleg vorn
- Pullikleid Halsbeleg hinten
- Pullikleid Schleife
- Pullikleid Band Schleife
- Pullikleid Ärmelbündchen
- Pullikleid Tasche
- Kleid mit Punkten vorderer Rock
- Kleid mit Punkten hinterer Rock
- Vorderer Rock (für Kragenkleid und Tweedkleid)
- Hinterer Rock (für Kragenkleid und Tweedkleid)
- Kragenkleid Halsbeleg
- Kragenkleid Ärmelbündchen
- Kragenkleid Kragen
- Kragenkleid Schleife
- Kragenkleid Band Schleife
- Latzkleid Träger
- Latzkleid Vorderer Bund
- Latzkleid Rückwärtiger Bund
- Latzkleid Latz